Korean Language in History

역사 속 우리말

최윤곤 지음

| 머리말 |

　우리말의 여러 모습을 역사적 관점으로 교양 수준에서 바라보는 내용으로 구성하였다. 책을 엮으면서 13개의 주제를 선정하는 것이 가장 어려웠다. 독자와 수강생이 흥미를 갖을만한 주제를 찾는 과정이 필요했고, 지난 몇 학기 동안 강의하면서 내용이 빠지기도 하고 새로 추가되기도 하였다. 최종 선정된 주제는 필자가 한국어학을 공부하면서 개인적으로 관심이 있고, 함께 읽고 소개하고 싶은 내용을 포함했다. 장별로 주제를 달리하다 보니 각 장의 내용은 그동안 많은 연구 성과가 쌓여있었다. 자료를 찾고 이를 검토하고 확인 과정이 필요했다. 이러한 과정에서 '간경도감과 불경언해, 16세기 한글 편지, 실학 시대의 한글 연구' 등은 필자의 역량이 부족해서 원고를 완성하지 못하고 이 책에 싣지 못해서 아쉬움이 남는다.
　집필 과정 중에 국어사 자료를 뒤적이다가 중세 국어 강독 수업에서 언해 번역의 모범을 보여주신 김영배 선생님과 중세 국어 자료에 대한 서지적 고찰을 강의하시던 김무봉 선생님을 떠올리게 되었다. 이제는 퇴임 후에 강단에 서지 않으셔서 매우 아쉽지만 멀리서 학은(學恩)을 되새기며 부끄럽지 않은 제자가 되려고 노력하고 있다. 또한 전반부의 '계통론, 한자차용표기, 향가, 고려시대 우리말, 훈민정음, 훈몽자회' 등의 내용은 선친께서 1985년 출판한 〈韓國語發達史〉(崔範勳, 通文館)의 많은 부분을 참고하였다. 이제는 시중에서 볼 수 없는 책이지만 기회가 된다면 재출판을 할 예정이다.

마지막으로 많은 그림과 도표가 포함된 까다로운 편집과 저작권 문제를 적극적으로 해결해 준 하우출판사의 편집팀에 고마움을 전한다.

미창관 연구실에서
2022년 1월
필자 적음

차례

1장 한국어의 기원
- 01. 알타이제어와 한국어 ········· 10
- 02. 고대 한국어의 모습 ········· 20

2장 훈민정음 이전의 문자 생활
- 01. 한자의 한반도 유입 ········· 28
- 02. 한자차용표기법 ········· 32

3장 훈민정음 다시 보기
- 01. 훈민정음 ········· 42
- 02. 한글 맞춤법의 역사 ········· 60

4장 최만리와 상소문
- 01. 최만리 생애 ········· 66
- 02. 최만리 상소문 ········· 67

5장 조선시대 우리말 학습
- 01. 한자 학습 ········· 88
- 02. 훈몽자회 ········· 96

6장 사역원과 역관
- 01. 사역원 ········· 108
- 02. 역관 ········· 111

7장 영어의 조선 상륙
- **01.** 아학편 ··············· 126
- **02.** 대한국문 ··············· 133

8장 겨레말 큰사전과 문화어
- **01.** 겨레말 큰사전 ··············· 138
- **02.** 문화어 ··············· 143

9장 글꼴과 캘리그라피
- **01.** 글꼴의 역사 ··············· 156
- **02.** 캘리그라피 ··············· 172

10장 정구지와 서울 방언
- **01.** 방언, 사투리, 지역어 ··············· 202
- **02.** 서울 방언 ··············· 210

11장 가사로 세상 읽기
- **01.** 가시리와 청산별곡 ··············· 220
- **02.** 가사 속의 대한민국 ··············· 226

12장 MZ세대의 한글놀이
- **01.** 야민정음과 급식체 ··············· 234
- **02.** 급여체 ··············· 242

13장 한국어의 세계화
- **01.** 세종학당 ··············· 250
- **02.** 한류와 한국어 ··············· 262

1장

한국어의 기원

알타이제어와 한국어

▌인도·유럽 민족의 이동

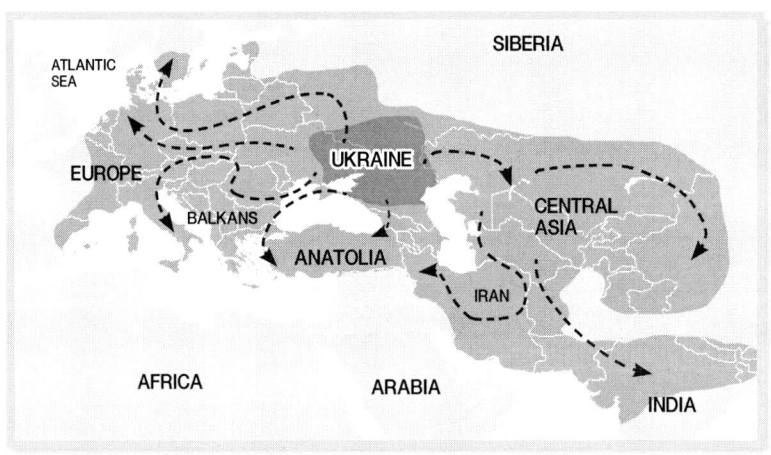

　인도·유럽 민족은 우크라이나를 중심으로 각지로 이동하여 서유럽과 인도까지 분포했다. 오랜 시간을 지나면서 각기 다른 환경에서 각기 서로 다른 변화 과정을 거친다.

▌인도·유럽어족의 기본 수사

	English	Gothic	Latin	Greek	Sanskrit
1	one	ains	unus	heis	ekas
2	two	twai	duo	duo	dva

3	three	prija	tres	treis	trayas
4	four	fidwor	quattuor	tettate	catvaras
5	five	fimf	quinque	pente	panca
6	six	saihs	sex	heks	sat
7	seven	sibun	septem	hepta	sapta
8	eight	ahtau	octo	okto	asta
9	nine	niun	novem	ennea	nava
10	ten	taihun	decem	deka	dasa

속 라틴어와 로만스어의 분열

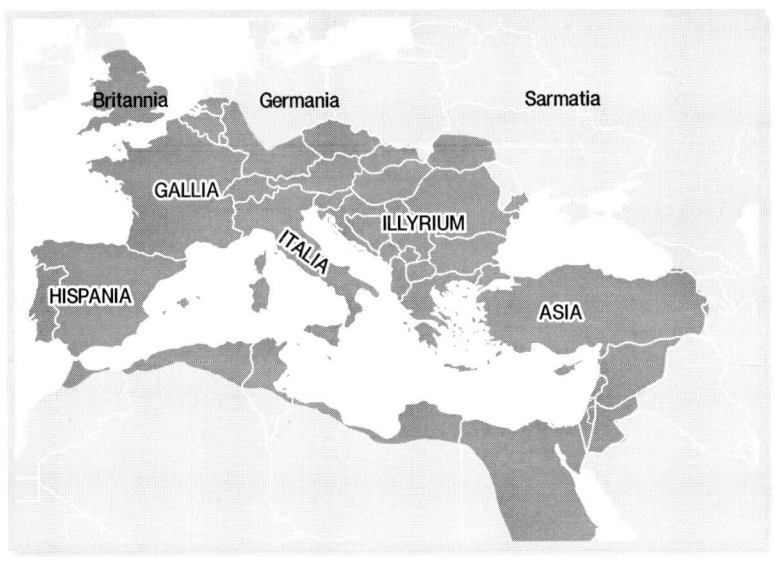

 한 유력한 언어가 그 세력을 확대할 때 분열이 일어난다. 이 언어들 사이에 공통 요소와 그 원형을 찾는 것이 더 쉽다. 속 라틴어(Latina Vulgata) 또는 민중 라틴어(Sermo Vulgaris)는 문어의 고전 라틴어와 구별되는 구어의 라틴어를 말한다. 특히 로마 제국의 일반 민중을 중심으로 서기 2세기에서 6세기쯤에 쓰이던 구어 라틴어를 말한다. 속 라틴어는 로망스 어군에 속하는 모든 언어의 공통된 조상으로, 조어 중에서는 실체가 명확히 밝혀져 기록이 남은 유일한 경우이기도 하다. 시간이 흐르면서 속 라틴어의 어휘, 문법, 발음 등 모든 면에서 고전 라틴어와 차이가 발생하고, 현대 로망스어의 성립에 큰 영향을 주었다. 6세기쯤까지는 유럽 전역에 널리 퍼져있었으나, 루마니아를 제외한 많은 라틴어 방언들이 라틴어와는 다른 언어로 분화되어 현대의 여러 언어로 분화되기에 이르렀다.

▎언어 구분과 우랄·알타이어족의 이동

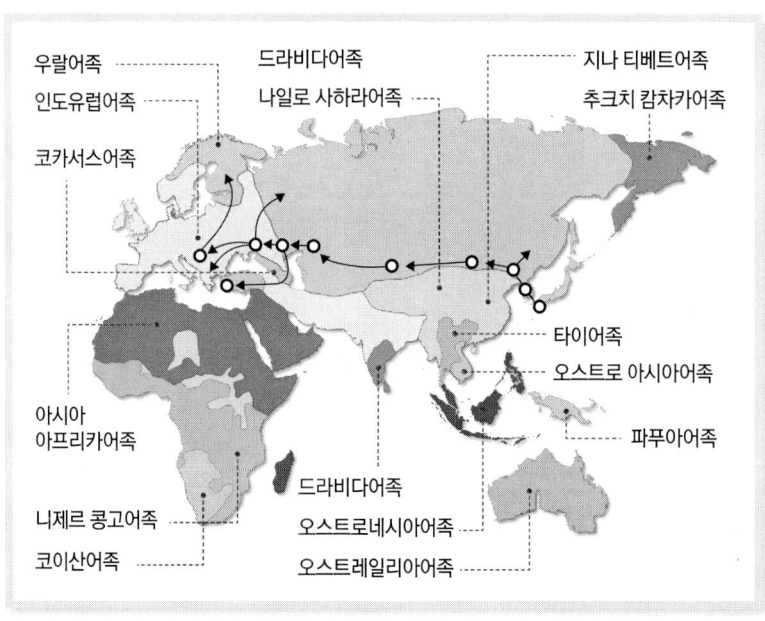

알타이어족의 기본 수사

	돌궐튀르크어	고전 몽골어	만주어	중세국어
1	bir	nigen	emu	hanah · ᄒᆞ나(ᄒᆞ나히)
2	eki	qoyar	juwe	durh · 둘(둘히)
3	üč	urban	ilan	səih · 세(세히)
4	tört	dörben	duin	nəih · 네(네히)
5	biš/bis	tabun	sumja	dadạs · 다ᄉᆞᆺ(다ᄉᆞ시)
6	alti	jirɣuɣan	ninggun	yəsis · 여슷(여스시)
7	yeti/yiti	doluɣan	nadan	nirgub · 닐굽(닐구비)
8	säkiz	naiman	jakūn	yədirb · 여듧(여들비)
9	toquz	yisün	uyun	ahob · 아홉(하호비)
10	on	arban	juwan	yərh · 열(열히)

한국어 기원 가설

가설1: 한국 민족은 퉁구스족에 속한다.

가설2: 한국 민족은 몽골족 또는 퉁구스족와 달리 독특한 개성이 있다.

가설3: 한국 민족과 퉁구스족은 밀접한 관계가 있다는 것을 인정하지만 역사적으로 오랫동안 독립된 생활해 온 하나의 민족 단위를 이뤘다.

알타이 제어설

1. 白鳥庫吉

> 595개에 이르는 한국어의 낱말을 알타이제어와 비교했다. 음운대응이 전혀 고려되지 않고 의미와 형태가 유사한 단어만 비교

2. Polivanov

> 최초로 음운과 형태면에 걸쳐 언급하면서 한국어와 알타이제어의 친근성을 논증

3. Ramstedt

> 일정한 음운대응을 관찰하고 또 문법형태소를 분석하여 한국어와 알타이제어 일치하는 것을 찾음

4. Poppe

> 음운론에 한정된 것이지만 한국어의 낱말 82개를 비교

한국어와 알타이 제어의 관계에 대한 의견

1. 한국어는 계통적으로 大 동아시아 어군에 속할 것이다.
2. 몽고·튀르크어군이 이른 시기에 분리해 나온 후, 퉁구스 어군은 이웃한 한국어로부터 중국어 차용어를 수입했다.
3. 우랄·알타이어족설 폐기. 알타이 세계의 중심은 흥안령(興安嶺) 산맥의 서편과 동편 산록(山麓)이었다.

람스테트(Gustaf John Ramstedt)

한국어의 특징을 음성과 언어구조로 나누어 역사주의적 관점에서 기술하고 한국어를 구성하는 요소를 다음과 같이 세 부류로 나누었다.

> 전해 내려온 요소: 단어, 문법 형식, 어미, 구 구성 방법.
> 수입된 요소: 차용된 중국어 단어와 표현.
> 의성·의태어적 성질의 신조어

포페(Nicholas Poppe)

한국어를 알타이 통일체에 포함시키고 있지만 한국어의 계통에 관해서 다음과 같은 세 가지 가능성을 제시하였다.

> 한국어는 알타이 조어와 친근관계가 있을 수도 있다.
> 원시 한국어는 알타이 통일체가 존재하기 전 분열했을지 모른다.
> 한국어에는 알타이어 기층밖에는 없다.

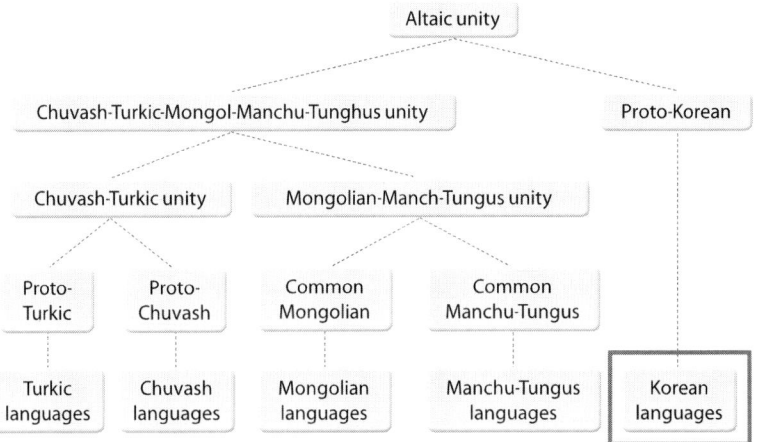

李基文

구체적인 언어 사실을 들어 한국어와 알타이제어와의 관계를 개관한 바 있다. 알타이 공통 조어에서 한국어가 시작되어, 부여·한 공통어를 설정하고, 원시 한어 계통의 남방계 언어가 현대 한국어의 근간으로 설정한다.

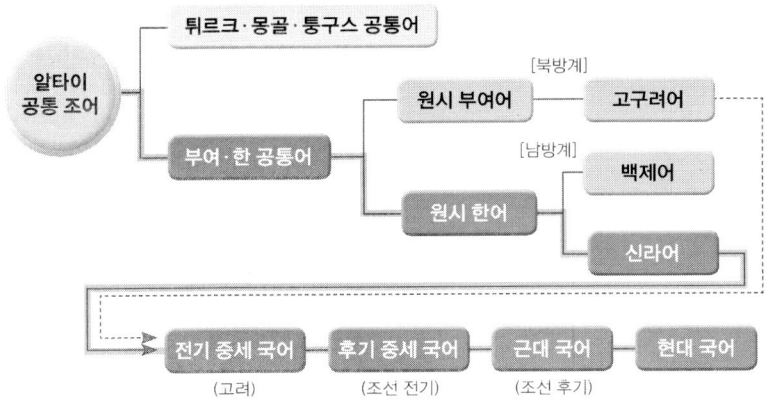

金芳漢

  음운론과 형태론의 몇 가지 면에서 한국어와 알타이제어와 비교한 바 있으며 한국어의 저층에 잠정적으로 '원시 한반도어'라고 부르는 어떤 미지의 언어가 있지 않을까 하는 가설을 제시한 바 있다.

Miller

  한국어는 일본어와 밀접한 관계가 있을 뿐만 아니라 두 언어는 알타이어족 중 퉁구스어와 밀접한 관계가 있음은 거의 틀림없다고 하며 그 관계를 고대 영어와 고대 노르드어의 관계로 비유했다.

Beckwith(2004) 일본-고구려어가설

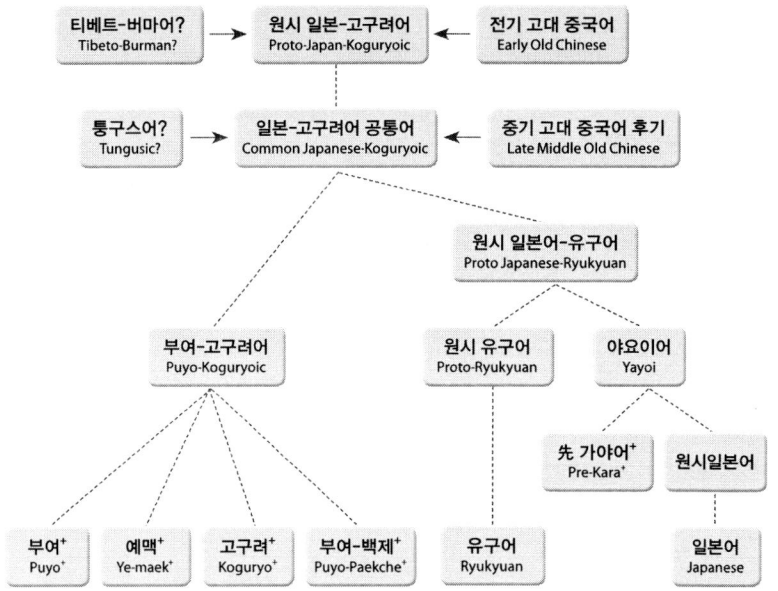

일본어와 고구려어를 '부여어족'이라는 동계로 놓고 고구려어와 한국어 간의 유사성과 한국어와 일본어 간의 유사성은 단순한 차용으로 보고 일본어와 알타이어 간의 연관성을 적극적으로 주장하였다.

한국어의 계통적 위치에 대한 20세기의 논의 흐름

첫째, 한국어는 알타이어족에 속한다. 한국어-알타이 어족설이 이미 '증명' 혹은 '확인'의 단계에 있다

둘째, 그럴 개연성이 가장 크지만, 아직까지 확실히 증명되지 않았다. 아직 '가설'의 단계에 있다

셋째, 알타이어족이 존재하는지도 모르겠다.

계통론과 알타이 제어의 연구

첫째, 역사비교언어학은 언어들 사이에서 발견되는 유사성의 원인을 합리적으로 설명하려는 노력의 결과로 19세기 초 유럽에서 발전하였다.

둘째, '기초 어휘 간 규칙적 음운대응 현상'을 바탕으로 인도·유럽 어족 성립하였다.

셋째, 유럽의 비인도·유럽어족 언어와 내륙 아시아 여러 민족의 언어 사이에서 발견되는 문법적 유사성과 인상적 유사성이 19세기부터 제기되었다.

넷째, 19세기 중엽부터 한국어도 이들과 같은 어족으로 분류하는 견해가 등장하였다.

다섯째, 우랄·알타이어족의 기초 어휘에서 규칙적 음운 대응 부재의 문제가 제기되었다.

여섯째, 알타이 어족설은 현대 학문의 일반적 성격에 어긋나 신빙성을 얻지 못하고 있다.

고대 한국어의 모습

고대 국어의 발전

1. 삼국시대: 기원 전후 1세기경 성립
2. 한문이나 한자로 기록
3. 삼국시대 제언어 구분
   숙신계: 퉁구스어의 조어
   부여계: 부여어, 고구려어, 옥저어, 동예어
   한계: 삼한어, 신라어, 백제어, 가야어

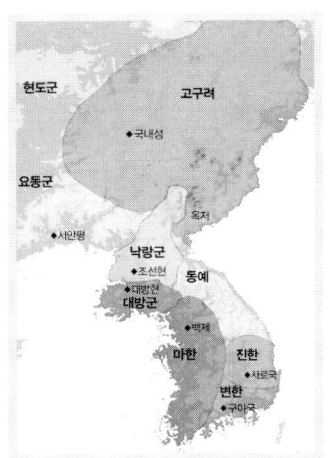

한반도 언어의 중심지

1. 통일신라: 경주(7세기-10세기)

> 한반도 내부의 언어적 동화
> 신라어가 주위 언어에 어느 정도의 영향을 미쳤을지는 불명
> 고대 삼국 언어 차이나 고대 한국어 형성 보여주는 언어 자료 없음

2. 고려: 개경 (10세기-14세기)
3. 조선: 한양(14세기 말-19세기 말)

4. 현대: 서울과 평양

> 한반도 언어의 중심지는 대체로 정치적 중심지와 일치한다.

고대 국어의 모습

> ≪三國志≫〈魏志 東夷傳〉
> 東夷舊語以爲夫餘別種, 言語諸事, 多與夫餘同.〈高句麗條〉
>
> 동이의 옛말에 따르면 (고구려는) 부여의 별종이다. 언어와 여러 가지 것들이 부여와 같은 점이 많다.

매우 단편적이고 피상적이지만 고대 한반도 언어 상황에 대한 최초의 기사이다. 부여는 현재 북만주의 농안과 장춘을 중심으로 한다. 고구려는 기원전 4세기, 주몽이 부여 일족을 이끌고 남하하여 건국하였다. 부여와 고구려는 대체로 퉁구스어권에 가까운 위치를 하고 있다. 〈동이전(東夷傳)〉의 부여와 고구려 언어는 퉁구스어와 밀접했으리라 추정할 수 있다.

> ≪三國志≫〈魏志 東夷傳〉
> 其耆老舊自謂與句麗同種....言語法俗大抵與句麗同〈濊條〉
>
> 노인들이 예부터 스스로 일컫기를 고구려와 같은 종족이라 하였다....언어와 법속이 대체로 고구려와 같다.
>
> 其言語與句麗大同 時時小異〈東沃沮 條〉
>
> 그 언어가 고구려와 거의 같으나 때때로 약간 다른 점이 있다.

노인이 스스로를 고구려의 별종이라고 한다든지 혹은 언어 법속이 고구려와 유사하다는 것은 2세기 중기 이후, 예의 여러 수령들과 고구려 사이의 강한 관계가 생겼기 때문에 일어난 것이며 위의 시대에 언급한 노인의 말이나 언어 법속에 관한 기사는 예의 일반에 관한 것은 아닐 것으로 볼 수 있다.

> ≪三國志≫〈魏志 東夷傳〉挹婁條
> 其人形似夫餘 言語不與夫餘句麗同.
>
> 그 사람의 모양은 부여와 같으나, 언어는 부여, 고구려와 같지 않다.

읍루는 퉁구스의 선조로 '몽골과 퉁구스족이 혼합한 잡종'인 부여·고구려 언어와 다른 언어 사용했을 것으로 보고 있다. 최근 연구 결과,

퉁구스족 기원지는 바이칼호 부근이며, 이들이 동쪽으로 이동하면서 고아시아족이 만주, 시베리아 동북부로 밀려났다. 연해주 일대의 읍루가 퉁구스족일 가능성은 극히 낮다.

> ≪三國志≫〈魏志 東夷傳〉
> 弁辰與辰韓雜居, 亦有城郭. 衣服居處與辰韓同. 言語法俗相似.〈弁辰 條〉
>
> 변진은 진한과 서로 섞여서 산다. 여기도 성곽이 있고 의복이나 거처가 진한과 같다.
>
> 辰韓在馬韓之東, 其耆老傳世, 自言古之亡人避秦役 范書. 作自言秦之亡人避苦役. 來適韓國, 馬韓割其東界地與之. 有城柵. 其言語不與馬韓同, 名國爲邦, 弓爲弧, 賊爲寇, 行酒爲行觴. 相呼皆爲徒.〈辰韓 條〉
>
> 진한은 마한 동쪽에 있다. 그 나라 노인들이 전해 말하기를 옛날 도망 온 사람들이 진나라의 부역을 피하여 한(韓)나라에 오자 마한은 그 동쪽 국경 지방의 땅을 떼어서 그들에게 주었다고 한다. 여기는 성이 있고 그 언어는 마한과 같지 않다. 나라를 방(邦)이라 하고 활을 호(弧)라고 하며, 도둑을 구(寇)라고 하고 술잔 돌리는 것을 행상(行觴)이라고 하며, 서로 부르기를 모두 도(徒)라고 한다.

변진과 진한의 법속이 비슷하지만, 중국의 진나라를 피해서 이동한 한나라의 동쪽에 마한이 있고 마한의 동쪽에 진한이 있다. 그러나 마한과 진한은 언어가 다르다.

> ≪梁書≫〈百濟條〉
> 今言語服章略與高麗同
>
> 지금 언어와 복장이 대략 고(구)려와 같다.

이때 고구려의 영역은 수도 평양을 중심으로 한 한반도 북부, 중부를 포함한다. 남만주 일대만을 영역으로 할 때의 고구려와 차이가 있다. 고구려에서 하나의 언어만 사용되었다고 볼 수만도 없으나 백제와 고구려의 언어가 같다는 기록이다.

> ≪梁書≫〈新羅條〉
> 言語待百濟而後通焉
>
> (중국인과) 말을 하는 데는 백제 사람을 두어야 한다.

백제 사람을 통역으로 신라어를 이해했다는 자료로, 백제와 신라의 언어가 서로 이해할 수 있었다는 기록이다.

🔍 더 읽을거리

- 강길운(2012), 한국어 계통론(상)(하), 한국문화사.
- 권재일(2013), 세계 언어의 이모저모, 박이정.
- 김방한(1983), 한국어의 계통 연구, 민음사.
- 정　광(2006), 고구려어-일본을 대륙과 연결시켜 주는 언어, 고구려연구재단.(원제 Beckwith, Christopher I.(2004), *Koguryo, the language of Japan's continental relatives*, Leiden.)
- 정　광(2011), 삼국시대 한반도의 언어연구, 박문사.
- 최범훈(1985), 한국어 발달사, 통문관.
- Ramstedt, Gustaf John(1928), Remarks on the Korean Language, *MSFOu* 58, Helsinki.

2장

훈민정음 이전의 문자 생활

한자의 한반도 유입

한반도의 한자 유입

한반도의 한자 유입은 고조선이 멸망하고, 한사군(漢四郡, B.C. 108~A.D. 313)을 설치하면서 본격적으로 시작되었다. 위만 조선의 지배층은 연(燕)나라의 유민으로 중국어와 한자를 사용했을 것이다. 지배층은 한어(漢語) 사용하고 피지배층은 고조선의 언어를 계승해서 사용하였다. 중국어와 토착어와의 접촉이 있었고, 이때 한자가 본격적으로 전래가 되었다.

삼국시대 문자 생활

선진(先秦)시대의 고문(古文)인 한문을 사용하고 고구려, 백제, 신라는 모두 학교를 건립하여 한문 교육을 본격적으로 시작하였다. 고구려는 소수림왕 2년(372)에 태학(太學)과 경당(扃堂)을 설치하였고, 백제는 침류왕 1년(384)에 학교를 설치하고, 박사 및 학사제를 운영하였다. 신라는 진덕여왕 5년(651) 혹은 신문왕 2년(682)에 국학(國學)을 설치하여 유교 경전으로 한문 교육을 시행하고, 주역, 상서, 모시, 예기, 춘추좌씨전, 문선, 논어, 효경 등을 학습하였다.

한자차용표기(漢字借用表記)

한문과 우리말의 어순이 다르다. 한문을 우리말 어순으로 풀어 읽거나(釋讀), 우리말의 문법 구조에 따라 조사나 어미만을 첨가하여 읽는다(順讀). 이때 삽입되는 우리말의 문법요소인 조사나 어미 등을 구결(口訣) 혹은 입겿이라고 한다. 따라서 한자차용표기법은 한자의 표음적(表音的) 기능을 취하는 것이다.

> 음독(音讀)은 한자를 음으로 읽고 그 표의성을 이용하는 차자
> 훈독(訓讀)은 한자를 훈으로 읽고 그 표의성을 이용하는 차자
> 음가(音假)는 한자를 음으로 읽고 그 표음성만을 이용하는 차자
> 훈가(訓假)는 한자를 훈으로 읽고 그 표음성만을 이용하는 차자

한자의 우리말 표기

한자를 빌려와 표기할 때 한국어의 발음에 맞는 중국 문자가 없을 경우 표기가 매우 어려웠다.

1. 소리의 보편성과 개별성

> 나는 너를 좋아한다.
> 那는 너를 좋阿韓多.
>
> 那(나), 阿(아), 韓(한), 多(다) → 한자의 음을 빌어 표기
> 는, 너, 를, 좋- → 중국어에 없는 소리 → 음을 빌어서 표기할 수 없음

따라서 음절을 표기하는 문제뿐만 아니라 음소를 표기하는 경우 여러 가지 문제가 발생한다.

2. 문법의 불일치

한국어에 존재하지만 중국어에 존재하지 않는 문법 형태소들(격조사, 선어말어미, 어말어미 등)을 나타내기 위해 음차, 훈차, 음독, 훈독 등 여러 가지 방법 사용한다.

| 한국어를 한자로 적는 방법

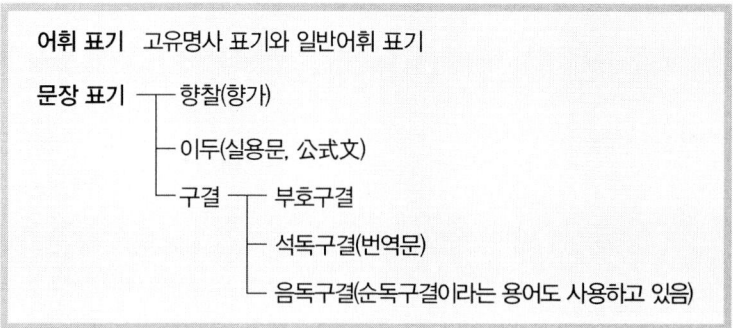

1. 문자의 변용

① 중국어의 어순을 한국어의 어순으로 바꿈 → 이두문
② 단어문자인 한자를 음절문자식으로 변용하여 표기 → 이두문, 향찰문
③ 단어문자인 한자를 음소문자식으로 변용하여 표기
④ 단어문자를 간략하게 하여 새로운 문자를 창조 → 구결자

2. 음절의 삼분: 초성, 중성, 종성의 분리

차용표기법에서도 음절을 초성과 중성, 종성 세 부분으로 분리하여 인식한다.

> ① 초성과 중성 및 종성의 표기('곤'을 표기하기 위해 '昆'을 사용)
> ② 초성과 중성의 표기('가, 고' 등을 표기하기 위해 '可, 古' 등을 사용)
> ③ 중성만의 표기('아, 어' 등을 표기하기 위해 '阿, 於' 등을 사용)
> ④ 종성만의 표기('ㅁ, ㄴ, ㄹ' 등을 표기하기 위해 '音, , 乙' 등을 사용)

하나의 음절을 초성, 중성, 종성으로 구분하는 음절의 삼분법적 인식은 전통적인 차용 표기의 방식에서 암시받았을 가능성이 높다.

3. 고유명사 표기: 차용표기법의 원리

> 天　하늘　천　　　돌쇠　石　金　　　돌이　石　伊
> 뜻(석, 훈) 소리(음)　　　훈　훈　　　　　훈　음
>
> ① 한자의 '뜻'과 '소리'를 빌려서 한국어를 적는 방법
> ② 처음 한자를 빌려 적을 때는 인명, 지명, 관명 표기에 사용
> ③ 고유명사 표기는 우리나라 한문의 일부이면서 동시에 자국어 표기의 첫 단계
> ④ 표기법의 원리
>   표음적 기능에 의한 표기: 육서(六書) 중 가차(假借)의 원리와 통한다.
>   표의적 기능에 의한 표기: 水는 '믈'로 읽힌 예와 같다.

한자차용표기법

▌구결

한문 원문을 읽을 때 구절과 구절 사이에 들어가서 문맥을 분명히 하고 정확한 뜻을 파악하게 할 수 있는 국어의 문법 형태이다.

> 天地之間 萬物之衆中<u>厓</u>惟人<u>伊</u>最貴<u>爲尼</u>所貴乎人者<u>隱</u>以其有五倫也<u>羅</u>
>
> 천지지간 만물지중<u>애</u> 유인<u>이</u> 최귀<u>위니</u> 소귀호인자<u>는</u> 이기유오륜야<u>라</u> 〈동몽선습〉

> 밑줄로 표시된 '厓(애), 伊(이), 爲尼(위니), 隱(은/는), 羅(라)' 등을 제외하면 그대로 한문 원문이 된다.

구결(口訣)이라는 용어는 '입겿(입겿)'의 차용표기이다. 입겿(입겿)의 '입'은 '입[口]'또는 '읊다'의 중세 국어 '잎다'와 관련이 있는 말로 해석하고, '겿' 또는 '겿'은 사물의 본질에 덧붙는 '부차적 성질'을 뜻한다. 구결자를 약체자로 쓸 수도 있다.

구결과 이두의 차이점은 구결은 구결자를 빼면 한문 원문이 그대로 복원되지만, 이두는 한국어 어순에 따라 순서가 바뀐 것이어서 문법요소를 빼도 원래의 문장으로 복원되지 않는다.

▮ 석독구결

고려시대 〈유가사지론〉 권20 20:03-20:08.

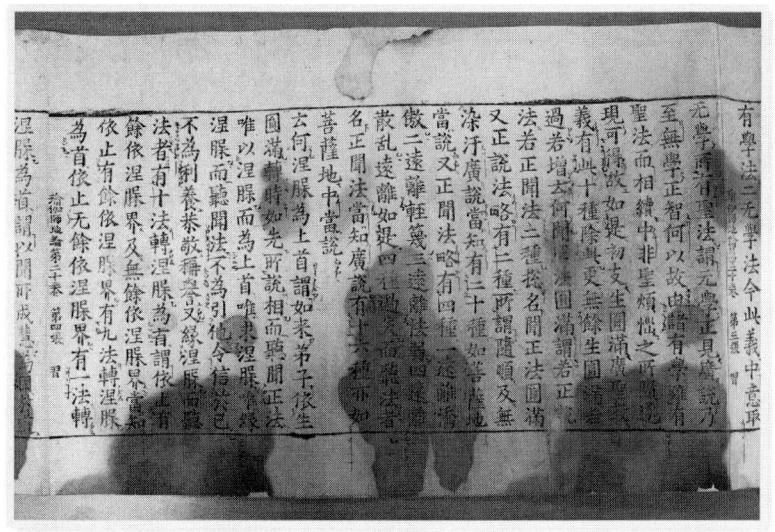

云何ッコ乙 出世間一切種清淨ㅣㅣノ令ロ 當ハ 知ㅕㅣ 略ロㄱ 五種 有ッㄱㅣㄱㅜ、何 等ッコ乙 {爲}五ㅣㅣノ令ロ、一十ㄱ 聖諦現觀ㆍ十 入ッゕ、二 聖諦現觀ㆍ十 入ㄕ 已ㆍㅗㄣㅅ 諸 障㝵乙 離ッゕ、三 聖諦現觀ㆍ十 入ㄕ 已ㆍㅗㄣㅅ 速疾通慧乙 證得ッ{爲欲}ㅅ 諸 歡喜事乙 作意思惟ッゕ、四 得ノㄱ 所乙 如ハッㄱ 道乙 修習ッゕ 、五 極清淨道ー 及 果功德一ノㄕ乙 證得ッゕッㄕ矢ㅣ。

> 云何出世間切種淸淨 當知略有五種 何等爲五 一入聖諦現觀 二入聖諦現觀已離諸障㝵 三入聖諦現觀已爲浴證得速疾通慧作意思惟諸歡喜事 四修習如所得道 五證得極淸淨道及果功德

어떤 것을 출세간일체종청정이라고 하는가? 반드시 알아야 한다. 간략히 말하면 다섯 가지가 있는 것이다. 어떤 것들을 다섯이라고 하는가? 첫째는 성제현관에 들며, 둘째는 성제현관에 들기를 이미 하여서는, 여러 장애를 여의며, 셋째는 성제현관에 들기를 이미 하여서는, 빠른 신통과 지혜를 증득하고자 여러 환희사를 작의하고 사유하며, 넷째는 얻은 바와 같은 도를 닦고 익히며, 다섯째는 지극히 청정한 도[極淸淨道]이니 과의 공덕이니 하는 것을 증득하며 하는 것이다.

이두

> 壬申年六月十六日二人幷誓記 <u>天前誓今自三年以後忠道執持過失无誓若此事失天 大 罪得誓若國不安大亂世</u>

임신년 6월 16일에 두 사람이 함께 맹세하여 기록한다. 하늘 앞에 맹세한다. 이제부터 3년 이후에 충성과 도리를 실천하고 과실이 없기를 맹세한다. 만약 이 일을 잃으면 하늘에 큰 죄를 얻을 것이라고 맹세한다.…" 〈임신서기석〉

임신서기석(壬申誓記石)은 임신년(552년?, 612년?)에 맹세한 기록을 새긴 돌이다. "天前誓, 今自"는 한국어 어순에 맞게 한자를 배열하였다.

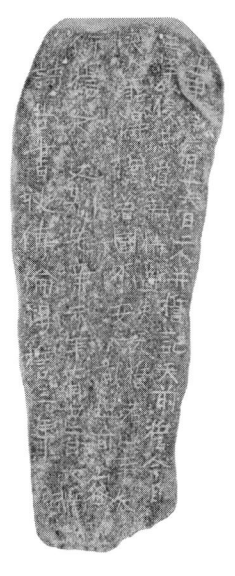

임신서기석(壬申誓記石)(552년? 612년?)

경북 경주시 현곡면 금장리 석장사터 부근에서 발견된 신라의 비석으로 길이 약 30cm이다. 충성을 맹세하는 내용을 새긴 비로 신라 융성기에 청소년들의 유교 도덕 실천상을 엿볼 수 있는 자료이다.

갈항사(葛項寺) 조탑기(造塔記)
二塔天寶十七年戊戌中立在之娚姉妹三人業以成在之娚者零
妙寺言寂法師在旅姉者照文皇太后君女尒在旅妹者敬信太王
女尒在也

中, 在(겨), 之, 旅(며) 등 이두적 요소.

대명률직해

조선 태조 4년(1395)에 명의 법률을 이두문으로 대역해 놓은 것으로 모두 30권인데 이미 고려시대에 완성되었고, 또 고려시대 언어의 반영으로 보아도 손색이 없다. 여기에는 부사를 비롯하여 조사, 어미(연결·종결), 공대법(존칭·겸양) 등 491종의 이두가 쓰였다.

> 이두문 本國乙背叛爲遺他國乙 潛通謀叛爲行臥乎事
> 한 문 謂謀背本國 潛從他國
> 본국을 배반하고 다른 나라와 몰래 상통하여 모반을 꾀하는 일
>
> 한국어 어순으로 한국어 문법 요소를 표기하였다.
> 乙(을), 遺(고) → 한자의 음을 빌림 [음차]
> 行(인), 臥(누), 乎(온) → 한자의 뜻을 빌림 [훈차]

향찰

향찰은 신라의 문학작품인 향가(鄕歌)를 표기하는 데 사용된 차용 표기법이다.

> **향찰 표기의 원리**
> 의미를 가진 부분(어간)은 한자의 뜻을 빌려서 훈독이나 훈차
> 문법적 요소(조사, 어미)는 한자의 음을 빌려서 음독이나 음차

가정 정제된 표기법이며, 한자를 차용하여 우리말을 표기하려는 노력을 집대성하였다. 구결이나 이두와는 달리 한문 또는 한자 어구에 의존하지 않고 순수한 우리말 문장을 표기하였다. 향가 문학의 발달에 중요한 원동력이 되었다.

서동요

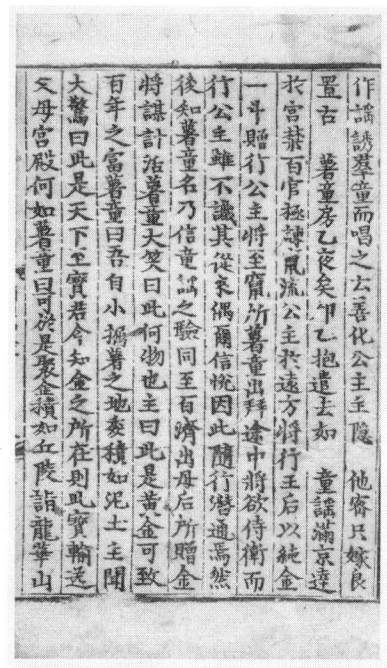

善化公主主隱
他 密只嫁良置古
薯童房乙
夜矣卯乙抱遣去如

薯童謠 百濟 武王作 眞平王(579~632)
〈三國遺事 卷2〉

고유명사　善化公主, 薯童房
명　　사　夜
대 명 사　他
조　　사　隱, 乙, 矣
동사어간　嫁, 置, 抱, 去
동사어미　良, 古, 遣, 如
부　　사　密只, 卯乙
접 미 사　主

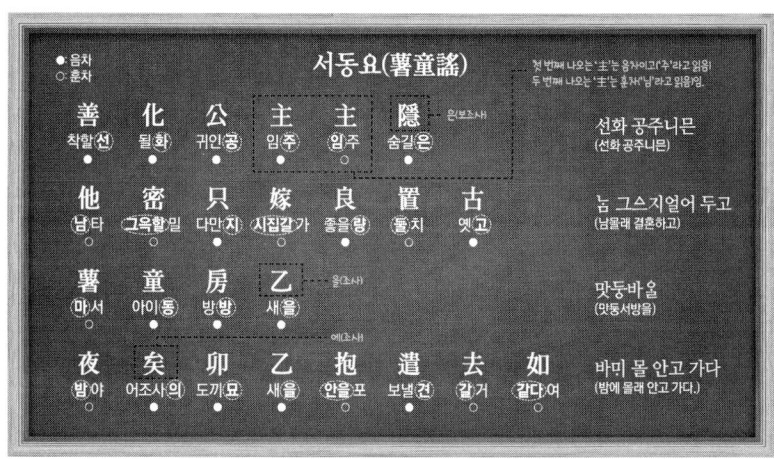

계림유사(鷄林類事)

송나라의 손목이 고려의 조제(朝制)·풍속·구선(口宣) 등과 함께 고려어 약 360개의 어휘를 채록하여 편찬한 견문록이면서 어휘집이다.

〈계림유사(鷄林類事)〉는 중국인인 손목이 당시의 우리말 단어를 한자의 음이나 뜻을 빌려 적은 것인데, 당시 현실음에 가까운 한자를 선택하되 중국어 단어와 의미상 통할 수 있는 한자를 선택한 경향이 강하다. 그러나 중국의 한자음만으로는 해독할 수 없는 자료들이 있다는 점은 당시 고려에서 사용하던 차자표기법이 반영된 것으로 보인다.

현전하는 〈계림유사(鷄林類事)〉는 어휘 부분이 위주로 되어 있기 때문에 역사학적인 자료로 보기다는 오히려 국어학적인 연구 자료로서 가치가 인정된다. 또한 훈민정음이 창제되기 전에 간행된 책으로 당시 고려어 재구(再構)를 위해서도 매우 중요한 자료이다. 고려의 단어와 어구들을 통해 당시의 언어의 어휘적·음운적·문법적 특징을 살펴볼 수 있고, 한글 표기에는 잘 나오지 않고 다른 차자표기 자료에서 나타나는 형태들도 있어 이두나 구결 연구에도 도움이 된다.

더욱이 이 책은 중세국어 형성기를 대표하는 현존 유일의 구어자료(口語資料)로서 그 중요한 가치성이 재인식되어야 한다. 또한 중국에 있어서도 북송(北宋)시대 한자음을 연구하는 데 매우 중요한 자료이다.

한문	고려어(한국 한자음)	중세 국어	현대 국어
天	漢捺(한날)	하놀	하늘
日	契黑隘切(해)	히	해
月	妲(달)	둘	달
雲	屈林(굴림)	구롬/구룸	구름
風	孛纜(발람)	바룸	바람
雪	嫩(눈)	눈	눈
雨	霏微(비미)	비	비
雪下	嫩耻(눈치)	눈디(다)	눈 내리(다)
凡下皆	耻(치)	디(다)	내리(다)
雷	天動(천동)	텬동	천둥
雹	霍(곽)	무뤼	우박

🔍 더 읽을거리

- 김완진(1990), 향가 해독법 연구, 서울대출판부.
- 박성종(2016), 조선 전기 이두 연구, 역락.
- 양주동(1965), 증정 고가 연구, 일조각.
- 장경준 외(2015), 유가사지론 권 20의 석독구결 역주, 역락.
- 진태하(2019), 계림유사 연구, 명문당.
- 최범훈(1985), 한국어 발달사, 통문관.

3장

훈민정음 다시 보기

훈민정음

용어의 정의[1]

1. 훈민정음(訓民正音)

'백성을 가르치는 바른 소리'라는 뜻으로, 1443년에 세종이 창제한 우리나라 문자의 이름인 동시에, 이 문자에 대해 한문으로 해설하여 1446년에 반포한 책의 이름이기도 하다. 이 해설서에서는 책의 이름일 때에는 〈훈민정음〉으로 구분하였다.

2. 자모(子母)

음소 문자 체계에 쓰이는 낱낱의 글자. 한글 자모로는 'ㄱ, ㅋ'과 같은 자음 글자와 'ㅏ, ㅑ'와 같은 모음 글자가 있다.

3. 한글

우리나라 고유의 글자. 세종이 우리말을 표기하기 위하여 만든 문자 훈민정음을 20세기 이후 달리 부르는 말이다. 1910년 이후에 주시경에 의해 널리 퍼졌다.

---

[1] 이 장의 내용은 국립한글박물관에서 2018년 발행한 2판 수정본 〈훈민정음 표준 해설서〉를 인용하였음.

4. 언문(諺文)

> 일상적으로 쓰는 우리말을 적는 문자라는 뜻으로, 예전에 문자 훈민정음을 달리 이르던 말.

5. 한글마춤법통일안

> 한글 표기법을 통일하기 위하여 1933년 조선어학회가 발표한 표기법 안. 이때는 지금처럼 '한글맞춤법통일안'이라고 하지 않고, '한글마춤법통일안'이라고 하였다.

훈민정음이란 무엇인가?

1. 훈민정음을 만든 사람

훈민정음은 조선 제4대 왕인 세종이 만들었고, 훈민정음의 해설서인 〈훈민정음〉은 세종과 집현전 신하들이 함께 만들었다. 세종은 이 책의 '서문'과 새로운 글자의 발음과 사용법을 담은 '예의' 부분을 지었으며, 나머지 부분은 집현전 학사 정인지, 최항, 박팽년, 신숙주, 성삼문, 이개, 이선로, 강희안이 지었다.

2. 훈민정음을 만든 목적과 배경

훈민정음을 만들기 전에도 우리말은 있었으나 우리말을 자유롭고 온전하게 표기할 수 있는 문자가 없었다. 지배층들은 입으로는 우리말을 하고 글을 쓸 때는 한문을 쓰는 이중적인 언어생활을 하였다. 그러다 보니 자신의 생각과 느낌을 글로써 제대로 표현하기가 어려웠다. 그래서 한자의 음이나 뜻을 이용하여 우리말을 적기도 하였는데 일반 백성들에게는 이마저도 쉽지 않았다.

세종은 한자(한문)를 모르는 일반 백성들이 자신이 생각하는 바를 글로써 마음대로 표현하지 못하는 것을 가엾게 여겼다. 그래서 누구나 쉽게 배워 씀으로써 일상생활에서 의사소통에 불편함이 없는 삶을 누리게 하고자 새로운 문자인 훈민정음을 만들었다.

세종은 당대 최고의 언어학자로서 탁월한 역량을 갖추고 있었다. 주변 국가들이 사용하던 고유 문자에 대해 알고 있었을 뿐만 아니라 중국어의 말소리 체계에 관한 학문인 성운학과 음양오행 등에 대한 지식도 높은 경지에 올라 있었다. 그리하여 우리말 소리 체계에 맞는 새로운 문자 훈민정음을 만들면서도 그 안에 우주 자연의 심오한 철학을 담아낼 수 있었다.

이처럼 새 문자 훈민정음은 당시의 시대적 조건과 함께 언어학자인 세종의 뛰어난 역량이 빚어낸 위대하고 창조적인 발명품이며, 훈민정음의 탄생은 우리 역사에서 중요한 사건이자, 문화사적 혁명이라 할 수 있다.

3. 훈민정음을 해설한 책

1) 〈훈민정음〉

〈훈민정음〉은 새 문자인 훈민정음의 창제 원리와 사용 방법 등을 한문으로 해설한 책이다. 세종은 훈민정음 28자를 만드는 일을 1443년에 마쳤고, 이 문자에 대한 자세한 풀이와 보기를 담은 책 〈훈민정음〉을 1446년에 펴냈다. 문자에 대한 해설과 예시가 있어서 우리는 이 책을 특별히 '훈민정음해례본'이라고도 부른다.

〈훈민정음〉에는 문자 훈민정음을 만든 배경과 목적, 창제 원리 등이 자세히 서술되어 있다. 현재까지 조사된 바에 의하면 전 세계적으로 문자 창제에 관한 분명한 기록을 책으로 남겨 전한 것은 〈훈민정음〉이 유일하다. 〈훈민정음〉은 국내외에서 그러한 가치를 인정받아 1962년에 대한민국 국보 제70호로 지정되었고, 1997년에는 유네스코 세계 기록 유산으로 등재되었다.

이 책은 세종이 쓴 '어제 서문'과 '예의', 신하들이 쓴 '해례'와 '정인지 서문'으로 구성되어 있다.

어제 서문	예의	해례(5해 1례)					정인지 서문
		제자해	초성해	중성해	종성해	합자해	용자례	
창제 배경과 목적	훈민정음 28자의 모양, 발음과 사용법	글자 원리와 사용법에 대한 해설					글자의 실제 예시	창제 목적과 특징, 창제자와 창제 시기, 편찬자와 편찬 시기
세종이 쓴 내용(4장)		신하들이 쓴 내용(29장)					

〈표 1〉《훈민정음》의 구성

〈훈민정음〉은 오랜 세월 동안 보이지 않다가 1940년에 경상북도 안동에서 이용준에 의해 발견되었다. 그 책을 간송 전형필이 사들여 지금은 간송미술관(서울 성북구)에서 소장하고 있다.

안동에서 발견된 〈훈민정음〉은 총 33장(66쪽)으로 된 한 권짜리 책으로, 첫 2장은 간행 당시의 것이 아니며 나중에 복원한 것이다. 그러나 복원하는 과정에서 잘못 복원되어 일부 오류가 있다.

<사진 1> 《훈민정음》의 첫장

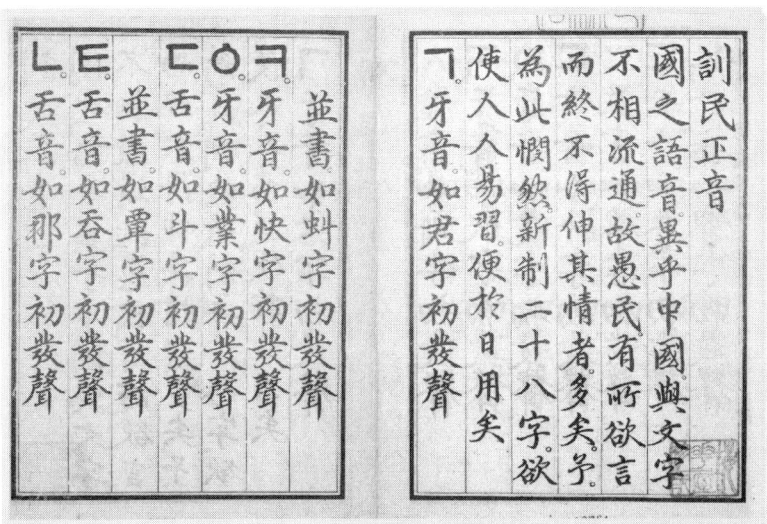

출처: 서울대학교 규장각한국학연구원

2) 훈민정음언해

훈민정음언해는 〈훈민정음〉 가운데 세종이 지은 '어제 서문'과 '예의' 부분을 우리말로 번역하여 새 문자 훈민정음으로 기록한 책이다. 훈민정음언해는 현재 다양한 이본이 남아 있는데, 1459년도에 간행된 〈월인석보〉 권1·2의 첫머리에 있는 것이 가장 오래되었고 학술적 가치도 높다. 현재 서강대학교 도서관에서 소장하고 있다.

훈민정음언해에는 〈훈민정음〉에 없는 내용도 수록되어 있다. 훈민정음언해에는 우리말에는 없는 중국 한자음을 적기 위해 'ㅅ'과 'ㅈ, ㅊ' 등을 약간 변형시킨 글자를 끝부분에 제시하고 있는데, 이를 통해 외국어의 말소리를 적는 데에도 훈민정음을 활용했음을 알 수 있다.

〈사진 2〉《훈민정음언해》의 첫장

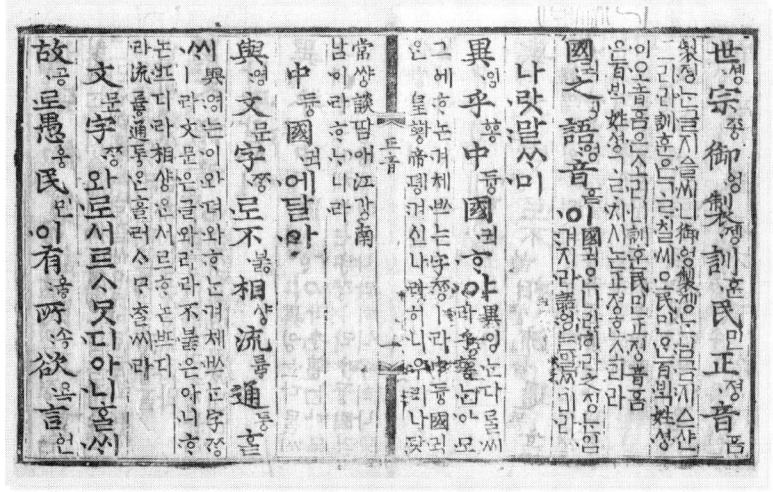

출처: 서울대학교 규장각한국학연구원

훈민정음의 제자 원리

1. 사물의 모양을 본떠 기본 글자를 만든다. (상형의 원리)

- 자음 기본 글자 5자 (ㄱ, ㄴ, ㅁ, ㅅ, ㅇ)

훈민정음의 자음 기본 글자는 발음 기관의 모양 또는 그 움직임을 본떠서 만들었다. 즉, 혀, 입술, 이, 목구멍의 모양 등을 본떠 자음 기본 글자 'ㄱ, ㄴ, ㅁ, ㅅ, ㅇ'을 만들었다.

어금닛소리 글자 'ㄱ'은 혀뿌리가 목구멍을 막는 모양, 혓소리 글자 'ㄴ'은 혀가 윗잇몸에 닿는 모양, 입술소리 글자 'ㅁ'은 입의 모양, 잇소리 글자 'ㅅ'은 이의 모양, 목구멍소리 글자 'ㅇ'은 목구멍의 모양을 본떠 만들었다.

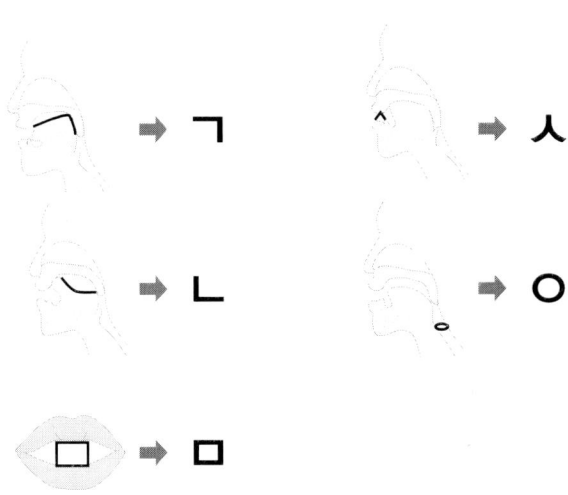

〈그림 1〉 자음 기본 글자를 만든 원리

- 모음 기본 글자 3자 (·, ㅡ, ㅣ)

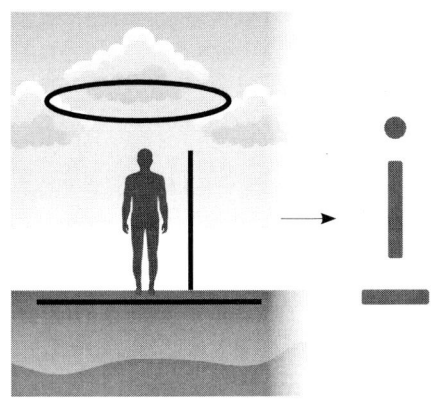

〈그림 2〉 모음 기본 글자를 만든 원리

훈민정음의 모음 기본 글자는 '하늘'과 '땅', 그리고 '사람'을 각각 본떠서 '·, ㅡ, ㅣ'를 만들었다. 하늘을 본뜬 '·'는 양(陽), 땅을 본뜬 'ㅡ'는 음(陰)에 해당하고, 사람을 본뜬 'ㅣ'에는 음양을 겸하는 뜻을 담았다.

2. 자음 기본 글자에 획을 더한다. (자음 글자의 확장)

기본 글자 이외의 자음 글자들은 기본 글자에 획을 더하는 방식으로 만들었다. 예를 들어 'ㅋ'은 'ㄱ'에 비해 소리가 조금 더 세기 때문에 획을 더한 것이다. 이러한 방식을 통해 어금닛소리 글자 'ㅋ', 헛소리 글자 'ㄷ, ㅌ', 입술소리

〈그림 3〉 획을 더하는 자음 글자의 확장 원리

글자 'ㅂ, ㅍ', 잇소리 글자 'ㅈ, ㅊ', 목구멍소리 글자 'ㆆ, ㅎ'을 만들었다. 그 밖에 'ㆁ, ㄹ, ㅿ'은 소리의 성질이 더 세지 않음에도 자음 기본 글자에 획을 더하여 만들었으므로 특별히 '이체자'라고 부른다.

자음 글자는 이처럼 소리의 특성이 글자 모양에 반영되어 과학적이고 체계적이다. 단순한 모양의 기본 글자에 획을 더하는 방식으로 또 다른 글자들을 만들었기 때문에 그 기본 원리만 알면 누구나 쉽게 배울 수 있다.

또한 〈훈민정음〉에서는 자음 글자에 음양오행의 철학적 원리를 대응시켜 설명하였다. 5가지 유형의 자음 글자(어금닛소리, 헛소리, 입술소리, 잇소리, 목구멍소리)는 각각 오음(각, 치, 궁, 상, 우)과 오행(나무, 불, 흙, 쇠, 물), 오시(봄, 여름, 늦여름, 가을, 겨울), 오방(동, 남, 중앙, 서, 북)의 각 요소에 대응된다.

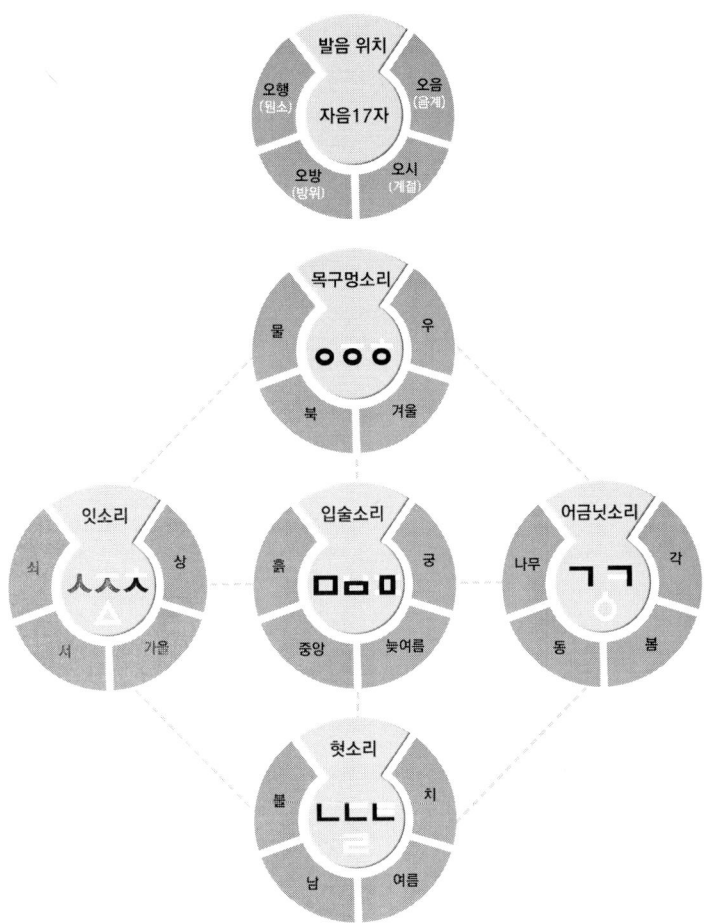

〈그림 4〉 음양오행의 원리를 반영한 자음 글자

3장 훈민정음 다시 보기

지금까지 살펴본 것을 종합하면 훈민정음 28자 중에서 자음 글자는 기본 글자 5자와 여기에 획을 더해 만든 12자(이체자 3자 포함)를 합해 모두 17자이다. 이 중에서 'ㆁ(옛이응), ㅿ(반시옷), ㆆ(여린히읗)'은 오늘날 사용하지 않는다.

	기본 글자 (5자)	획을 더해 확장한 글자(9+3자)		비고
			이체자	
어금닛소리	ㄱ	ㅋ	ㆁ	
혓소리	ㄴ	ㄷ ㅌ	ㄹ	'ㆁ, ㅿ, ㆆ'은 오늘날 사용하지 않음
입술소리	ㅁ	ㅂ ㅍ		
잇소리	ㅅ	ㅈ ㅊ	ㅿ	
목구멍소리	ㅇ	ㆆ ㅎ		

〈표 2〉 훈민정음의 자음 글자 17자

3. 모음 기본 글자를 결합한다. (모음 글자의 확장)

모음 글자의 경우, 기본 글자 이외의 글자들은 기본 글자(ㆍ, ㅡ, ㅣ)를 서로 결합하여 만들었다. 처음에는 'ㅡ'의 위쪽과 'ㅣ'의 바깥쪽(오른쪽)에 'ㆍ'를 합하여 'ㅗ, ㅏ'를 만들고, 'ㅡ'의 아래쪽과 'ㅣ'의 안쪽(왼쪽)에 'ㆍ'를 합하여 'ㅜ, ㅓ'를 만들었다.

ㆍ + ㅡ → ㅗ   ㅣ + ㆍ → ㅏ   ㅡ + ㆍ → ㅜ   ㆍ + ㅣ → ㅓ

그 다음에는 이렇게 만들어진 4자 'ㅗ, ㅏ, ㅜ, ㅓ'에 'ㆍ'를 하나 더해

'ㅛ, ㅑ, ㅠ, ㅕ'를 만들었다.

$$\text{ㅡ} + \cdot \rightarrow \text{ㅛ} \quad \text{ㅏ} + \cdot \rightarrow \text{ㅑ} \quad \text{ㅜ} + \cdot \rightarrow \text{ㅠ} \quad \text{ㅓ} + \cdot \rightarrow \text{ㅕ}$$

확장된 모음 글자도 모음 기본 글자와 마찬가지로 양(陽)에 해당되는 것과 음(陰)에 해당되는 것으로 나뉜다. 'ㅗ, ㅏ, ㅛ, ㅑ'는 'ㆍ'가 위 또는 바깥쪽(오른쪽)에 있기 때문에 한 부류를 이루어 양에 속하고, 'ㅜ, ㅓ, ㅠ, ㅕ'는 'ㆍ'가 아래 또는 안쪽(왼쪽)에 있기 때문에 한 부류를 이루어 음에 속한다. 이렇듯 'ㅗ, ㅏ, ㅛ, ㅑ'와 'ㅜ, ㅓ, ㅠ, ㅕ'를 각각 한 부류로 묶어서 서로 양과 음의 상대되는 의미를 부여하였다.

〈그림 5〉 기본 글자를 결합한 모음 글자의 확장 원리

지금까지 살펴본 것을 종합하면, 훈민정음의 모음 글자는 기본 글자 3자에 확장된 8자를 더해 모두 11자이다. 이 중에서 'ㆍ'(아래아)는 점차 그 말소리를 잃어 결국 1933년 '한글마춤법통일안' 이후로는 우리말의 표준어 표기에 더 이상 사용하지 않게 되었다.

기본 글자 (3자)		서로 결합하여 확장한 글자(8자)		비고
		처음에 나온 글자(4자)	그 다음에 나온 글자(4자)	
양	ㆍ(하늘)	ㅗ ㅜ	ㅛ ㅑ	'ㆍ'은 오늘날 사용하지 않음
음	ㅡ(땅)	ㅜ ㅓ	ㅠ ㅕ	
	ㅣ(사람)			

〈표 3〉 훈민정음의 모음 글자 11자

4. 그 외의 방식으로 확장된 글자들

훈민정음 28자에는 포함되지 않지만 〈훈민정음〉에서는 같은 자음 글자를 나란히 붙여 쓴 'ㄲ, ㄸ, ㅃ, ㅉ, ㅆ, ㆅ'도 볼 수 있다. 현재 'ㄲ, ㄸ, ㅃ, ㅉ, ㅆ, ㆅ' 중에서 'ㆅ'은 사용하지 않고, 그 나머지 5자만을 된소리 표기를 위해 사용하고 있다.

또한 서로 다른 자음 글자를 나란히 붙여 쓴 'ㄳ, ㄻ, ㅄ, ㅄ, ㅴ, ㅵ' 같은 것들도 있다. 당시에는 서로 다른 글자를 나란히 붙여 쓰는 방식을 초성과 종성 위치에서 모두 사용하였으나 오늘날에는 종성 위치에서만 받침으로 사용하고 있다.

그 외에 〈훈민정음〉에서는 'ㅁ, ㅂ, ㅍ'과 같은 입술소리 글자 아래

'ㅱ, ㅸ, ㆄ'과 같이 'ㅇ'을 이어 쓰는 방식도 나타난다. 이 중 우리말을 적는 데 사용했던 것은 'ㅸ'(순경음비읍)뿐이다. 'ㅱ, ㆄ'은 주로 중국음 표기에 사용되었다. 'ㅸ'은 훈민정음 창제 이후 15세기 중반까지 짧은 기간 동안 꽤 빈번하게 사용되다가 쓰이지 않게 되었다.

		훈민정음 창제 당시	비고
같은 자음 글자를 나란히 붙여 씀		ㄲ, ㄸ, ㅃ, ㅉ, ㅆ, ㆅ	ㆅ은 사용하지 않음
다른 자음 글자를 나란히 붙여 씀	초성 위치	ㅅㄱ, ㅅㄷ, ㅅㅂ, ㅂㅅ, ㅂㅅㄱ, ㅂㅅㄷ 등	모두 사용하지 않음
	종성 위치	ㄱㅅ, ㄴㅅ, ㄹㄱ, ㄹㅁ, ㄹㅂ, ㄹㆆ	ㄴㅅ, ㄹㆆ은 사용하지 않음
입술 소리 글자 아래에 'ㅇ'를 이어 씀		ㅱ, ㅸ, ㆄ	모두 사용하지 않음

〈표 4〉 훈민정음 창제 당시에 붙여 쓰거나 이어 쓴 자음 글자

훈민정음은 모두 28자이지만 기본 글자는 자음 글자 5자(ㄱ, ㄴ, ㅁ, ㅅ, ㅇ), 모음 글자 3자(·, ㅡ, ㅣ)에 불과하다. 나머지는 기본 글자에서 규칙적으로 만들어낸 글자들이므로, 훈민정음은 간결하고 과학적이며 체계성이 큰 문자이다. 이러한 자음 글자와 모음 글자는 모아씀으로써 수많은 글자 조합을 만들 수 있다. 오늘날 한글 표기에 사용하는 자음 글자 14자와 모음 글자 10자를 모아쓰면 무려 11,172가지의 글자 조합을 만들 수 있다.

	훈민정음 창제 당시의 글자 28자	오늘날 사용되는 글자 24자	비고
자음	ㄱ ㅋ ㆁ ㄴ ㄷ ㅌ ㄹ ㅁ ㅂ ㅍ ㅅ ㅈ ㅊ ㅿ ㅇ ㆆ ㅎ	ㄱ ㅋ ㄴ ㄷ ㅌ ㄹ ㅁ ㅂ ㅍ ㅅ ㅈ ㅊ ㅇ ㅎ	'ㆁ, ㅿ, ㆆ, ·'는 오늘날 사용하지 않음
모음	· ㅡ ㅣ ㅗ ㅏ ㅜ ㅓ ㅛ ㅑ ㅠ ㅕ	ㅡ ㅣ ㅗ ㅏ ㅜ ㅓ ㅛ ㅑ ㅠ ㅕ	

〈표 5〉 훈민정음 창제 당시의 28자와 오늘날 사용되는 글자 24자

훈민정음의 자모 순서

〈훈민정음〉에 제시된 자모 순서는 현재 우리가 사용하고 있는 가나다순과 다르다. 〈훈민정음〉에서는 자모 순서를 어느 한 가지로 명확히 제시하지 않았으며, 자모에 대해 설명하는 곳마다 주제별로 조금씩 다른 원리를 적용하여 자모를 배열하고 있다. 또한 어느 한 가지 기준이 아닌 여러 가지 기준이 섞여 있다.

자음 글자의 경우, '예의'에서는 크게 발음 위치(어금니, 혀, 입술, 이, 목구멍)의 순서대로 배열하고 있지만, 각각의 발음 위치 내에서는 또 다른 기준에 따라 배열하고 있다. '제자해'에서는 크게 제자 원리에 따라 기본 글자와 획을 더해 확장한 글자 순으로 배열하였지만, 기본 글자와 획을

더해 확장한 글자 안에서는 다시 발음 위치의 순서대로 배열하고 있다.

항목	자음 글자 제시 순서	배열 방식
예의	ㄱ ㅋ ㆁ - ㄷ ㅌ ㄴ - ㅂ ㅍ ㅁ - ㅈ ㅊ ㅅ - ㆆ ㅎ ㅇ - ㄹ ㅿ	발음 위치 중심
제자해	ㄱ ㄴ ㅁ ㅅ ㅇ - ㅋ ㄷ ㅌ ㅂ ㅍ ㅈ ㅊ ㆆ ㅎ - ㆁ ㄹ ㅿ	제자 원리 중심
초성해	ㄱ ㅋ ㄲ ㆁ - ㄷ ㅌ ㄸ ㄴ - ㅂ ㅍ ㅃ ㅁ - ㅈ ㅊ ㅉ ㅅ ㅆ - ㆆ ㅎ ㆅ ㅇ - ㄹ ㅿ	발음 위치 중심 ('ㄲ, ㄸ, ㅃ, ㅉ, ㅆ, ㆅ' 추가)

〈표 6〉《훈민정음》의 자음 글자 배열 순서

그에 반해 모음 글자의 경우 모두 제자 원리의 순서, 즉 기본 글자에서 단계적으로 확장된 글자의 순서대로 제시하고 있다.

항목	자음 글자 제시 순서	배열 방식
예의	ㆍ ㅡ ㅣ - ㅗ ㅏ ㅜ ㅓ - ㅛ ㅑ ㅠ ㅕ	제자 원리 순서 (기본 글자 - 처음에 나온 글자 - 그 다음에 나온 글자)
제자해	ㆍ ㅡ ㅣ - ㅗ ㅏ ㅜ ㅓ - ㅛ ㅑ ㅠ ㅕ	
초성해	ㆍ ㅡ ㅣ - ㅗ ㅏ ㅜ ㅓ - ㅛ ㅑ ㅠ ㅕ - ㅘ ㅙ ㅝ ㅞ - ㆎ ㅢ ㅚ ㅐ ㅟ ㅔ ㆉ ㅒ ㆌ ㅖ	

〈표 7〉《훈민정음》의 모음 글자 배열 순서

오늘날 한글 맞춤법에서 정한 한글의 자모 순서는 1527년 최세진이 지은 〈훈몽자회〉의 '언문자모'에서부터 비롯되었다.

훈민정음의 자모 명칭

오늘날 우리가 사용하는 한글 자모의 명칭은 최세진의 〈훈몽자회〉(1527)에 나타난다. 이는 조선 시대 어학자 최세진이 당시에 민간에 통용되던 것을 기록으로 남긴 것이다. 〈훈몽자회〉에서는 당시 초성과 종성 위치에 모두 쓰이는 글자들을 'ㄱ其役'(기역), 'ㄴ尼隱'(니은), 'ㄷ池末'(디귿), 'ㄹ梨乙'(리을) 등으로, 초성에만 쓰인 글자들은 'ㅋ箕'(키), 'ㅌ治'(티), 'ㅍ皮'(피) 등으로 표시하였다.

〈훈몽자회〉에서는 자음의 명칭을 적을 때 '니은, 리을, 비읍'과 같이 모음 'ㅣ'와 'ㅡ'를 포함하여 나타냈다. 다만 'ㄱ其役'(기역), 'ㄷ池末'(디귿), 'ㅅ時衣'(시옷)의 경우는 다른 자음과 달리 두 번째 음절인 '윽, 읃, 읏'에 해당하는 한자가 없어서 그와 유사한 음 또는 뜻을 가진 한자를 빌려 썼다. '윽'의 경우 비슷한 음의 한자 '役'(부릴 역)을 빌려 쓰고, '읃, 읏'의 경우 '末'(끝 말), '衣'(옷 의)의 뜻을 빌려 각각 '귿, 옷'으로 대신하였다. 이러한 이유로 '기윽, 디읃, 시읏'이 아닌 '기역, 디귿, 시옷'과 같이 예외적인 명칭이 자리잡았으며, 그러한 오랜 전통을 존중하여 지금도 한글 맞춤법의 자모 명칭은 '기역, 니은, 디귿, 리을, 미음, 비읍, 시옷'으로 부르고 있다. 이와 달리 북한에서는 다른 것들과 일관되도록 이들을 '기윽, 디읃, 시읏'으로 부르고 있다.

	ㄱ	ㄴ	ㄷ	ㄹ	ㅁ	ㅂ	ㅅ	ㅇ
훈몽자회	其役	尼隱	池(末)	梨乙	眉音	非邑	時(衣)	異凝
대한민국	기역	니은	디귿	리을	미음	비읍	시옷	이응
북한	기윽	니은	디읃	리을	미음	비읍	시읏	이응

〈표 8〉 주요 자모에 대한 《훈몽자회》의 명칭과 현대의 명칭 비교

〈사진 3〉 《훈몽자회》 범례의 '언문자모'

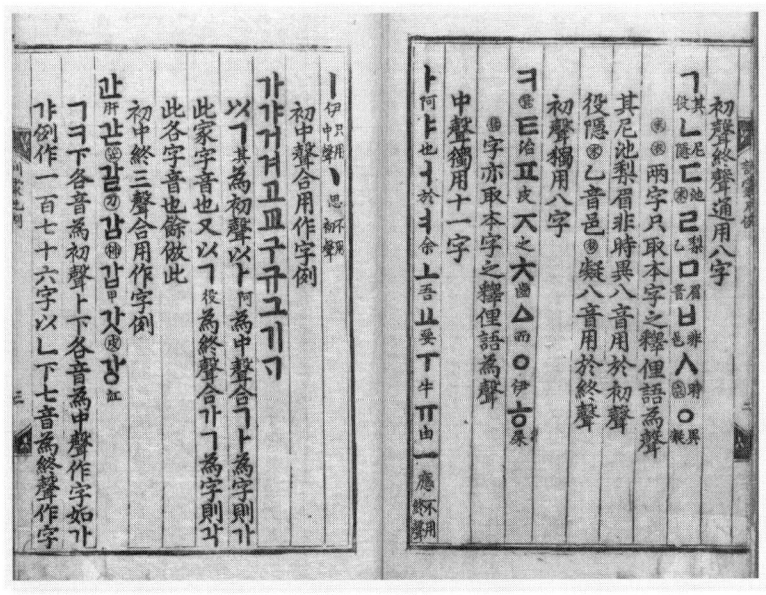

출처: 서울대학교 규장각한국학연구원

한글 맞춤법의 역사

국문연구소 어문 정리 운동

(1) 연구 10제

① 國文의 淵源과 字體及發音의 沿革
  한글의 연원과 글자체 및 발음의 변천 과정
② 初聲中 ㅇㆆㅿㆁㅱㅸㆄㅹ 八字의 復用 當否
  초성 가운데 ㅇㆆㅿㆁㅱㅸㆄㅹ 8글자를 되살려 쓰는 일의 타당성 여부
③ 初聲의 ㄲㄸㅃㅆㅉㆅ 六字 竝書의 書法 一定
  초성의 ㄲㄸㅃㅆㅉㆅ 6글자를 병서하는 방법 정하기
④ 中聲中 ㆍ字 廢止, =字 創製의 當否
  중성 가운데 ㆍ자를 없애고 =자를 새로 만드는 일의 타당성 여부
⑤ 終聲의 ㄷㅅ 二字 用法 及 ㅈㅊㅋㅌㅍㅎ 六字도 終聲에 通用 當否
  받침의 ㄷ, ㅅ 2글자의 용법과 ㅈㅊㅋㅌㅍㅎ 6글자도 받침으로 쓰는 것의 타당성 여부
⑥ 字母의 七音과 淸濁의 區別 如何
  한글 자모의 7음과 청음, 탁음을 구별할 것인가?
⑦ 四聲票의 用否 及 國語音의 高低法
  성조를 나타내는 방점을 쓸지 여부, 그리고 한국어의 높낮이 표기법
⑧ 字母의 音讀 一定
  한글 자모 읽는 방법 정하기

> ⑨ 字順行順의 一定
>   글자의 순서, 행의 순서 정하기
> ⑩ 綴字法
>   철자법 (맞춤법)

(2) 연구 결과

위의 연구 과제에 대해 위원 8인은 독자적인 연구 결과를 제출, 종합하고 조정하여 그 최종 통일안으로서 1909년 국문연구의정안(國文硏究議定案)을 마련하였다.

> ① 현대의 첫 통일 표기법 안
> ② 된소리 표기를 'ㄲ,ㄸ,ㅃ' 등으로 통일, 받침에 'ㅈ, ㅊ, ㅌ, ㅍ, ㅎ'를 사용
>   → 이후 [한글맞춤법통일안]에 계승
> ③ 'ㆁ'(옛 이응)과 'ㆍ'(아래아)의 사용 등 보수적 태도
> ④ 1910년 국권 상실로 공식적으로 공포되지는 못함

조선총독부의 언문 철자법 제정

1. 보통학교용 언문 철자법(1912.4)

> ① 현은(玄檃) 등 우리나라 학자 3인과 다카하시(高橋亨) 등 일본학자 3인이 동수로 참여
> ② 국문연구소의 국문연구의정안과 반대의 입장
> ③ 'ㆍ'를 'ㅏ'로 대체

④ 된소리 표기에 'ㅅㄱ, ㅅㄷ, ㅅㅂ' 등 사용

⑤ 받침에 'ㄱ, ㄴ, ㄹ, ㅁ, ㅂ, ㅅ, ㅇ, ㄺ, ㄻ, ㄼ'만 사용

2. 보통학교용 언문 철자법 대요(1921.3)

① 기존의 철자법을 대폭 개정

② 된소리 표기에 각자병서(ㄲ, ㅆ, ㅉ, …) 사용

③ 받침에도 종래의 받침 외에 'ㄷ, ㅌ, ㅈ, ㅊ, ㅍ, ㄲ, ㄳ, ㄵ, ㄾ, ㅄ' 사용

④ 명사와 조사, 용언 어간과 어미를 분철하여 표기

⑤ 이후의 한글맞춤법통일안과 상당히 일치

▎한글맞춤법 통일안(1933)

1. 제정 경과

① 조선어 연구회(1931년 '조선어학회'로 개칭) 주도

② 1930. 12. 13 총회에서 12명의 맞춤법 제정위원 지명

③ 1932년 맞춤법 원안 작성

④ 이후 심의와 수정

⑤ 1933. 10. 29.(가갸날 – 한글날) 통일안 발표.

2. 한글 맞춤법 통일안 위상

① 조선 총독부의 표기법 제정 작업과 별도로 이루어짐

② 방대하고 짜임새 있는 한글 표기 규정

③ 민간 학회의 차원에서 이루어졌다는 약점
④ 당시 사회 각계의 많은 지지를 얻음
⑤ 신문 등 출판물에서 통일안을 따른 것도 있으며 따르지 않은 것도 있음
⑥ 통일안으로서의 권위를 발휘하지 못함.
⑦ 새 정부 수립(1948. 8. 15.) 이후 비로소 국가의 공인을 받음

3. 한글 맞춤법 통일안의 특징

① '형태음소적' 표기 원리
② 전통적인 음소적 표기법을 일거에 형태음소적 표기법으로 개정함
③ 현행 한글맞춤법에 계승

1933년 한글 맞춤법은 표준말을 그 소리대로 적되, 語法에 맞도록 함으로써 原則을 삼는다.
1988년 한글 맞춤법은 표준어를 소리대로 적되 어법에 맞도록 함을 원칙으로 삼는다.

4. 한글 맞춤법 통일안의 개정(부분적 수정)

1937년 개정

1936년 [사정한 조선어 표준말 모음] 간행
통일안 부록의 '표준말 어례' 삭제
용어와 어례 등을 새로 정해진 표준말로 고침

1940년 개정

> 본문 제 19항 중의 '후'를 '추'로 고침
> 종전의 '마춤법'을 '맞춤법'으로 바꿈
> 일부 문구를 수정하고, 부록 '문장부호'를 증보 및 수정함

한글 맞춤법(1988)

> ① 1988년 문교부 고시, 1989년 3월1일 시행
> ② 1933년 이후 가장 큰 개정
> ③ '한글 맞춤법 통일안'을 '한글 맞춤법'으로 바꿈
> ④ 본질적으로 1933년의 한글 맞춤법 통일안의 원칙과 내용을 따름
> ⑤ 그 간의 언어 변화를 반영하고, 통일안 이후 제기된 문제점을 수용함
> ⑥ 2017년 '한글맞춤법'은 문체부 고시 제2017-12호, '표준어 규정'은 문체부 고시 제2017-13호로 개정됨.

🔍 더 읽을거리

- 강신항(2003), 훈민정음 연구, 성균관대 출판부.
- 국립한글박물관(2018), 훈민정음 표준 해설서, 국립한글박물관.
- 김무봉(2015), 훈민정음, 그리고 불경 언해, 역락.
- 김슬옹(2018), 훈민정음 해례본 입체강독본, 박이정.
- 안병희(2013), 훈민정음 연구, 서울대 출판부.
- 정광(2012), 훈민정음과 파스파 문자, 역락.
- 최범훈(1985), 한국어발달사, 통문관.
- 최윤곤(2017), 한국 어문규정 입문, 한국문화사.

4장

최만리와 상소문

최만리 생애

▌최만리

　최만리(崔萬理, ? ~ 1445년 10월 23일)는 조선 시대 전기의 문신, 정치인, 유학자이자 철학자, 법학자이다. 본관은 해주, 자(字)는 자명(子明), 호는 강호산인(江湖散人)이다. 해주 최씨의 시조인 해동공자 최충의 12대 후손이고, 최자의 6대손이며 최하(崔荷)의 아들이다. 외할아버지는 지문하성사(知門下省事) 지용수이다.

　생원시에 합격한 뒤 1419년(세종 1) 증광문과에 을과로 급제하여 관직에 나갔으며, 홍문관과 집현전에서 오래 근무하였다. 1427년에는 다시 중시문과(重試文科)에 급제하였다. 그 뒤 집현전 부제학, 강원도 관찰사 등을 역임하였다.

> 1427년 3월 교리로서 문과중시에 급제, 7월에 응교
> 1437년 직제학
> 1438년 부제학
> 1439년 강원도관찰사
> 1440년 집현전 부제학으로 복귀
> 1444년 훈민정음 창제에 대한 반대상소 문제로 즉일 친국을 받고 다음날 석방, 복직되었으나 사직하고 고향으로 돌아가 여생을 마침

최만리 상소문

▮ 상소문 경과

세종 25(1443) 12월 30일

> 이 달에 임금이 친히 언문 28자를 지었다.

세종 26(1444) 2월 16일

> 집현전 학자들에게 언문으로 〈운회〉를 번역하게 하다.

세종 26(1444) 2월 20일

> 최만리 등이 언문 제작의 부당함을 아뢰다

운회(韻會): 고금운회거요(古今韻會擧要)

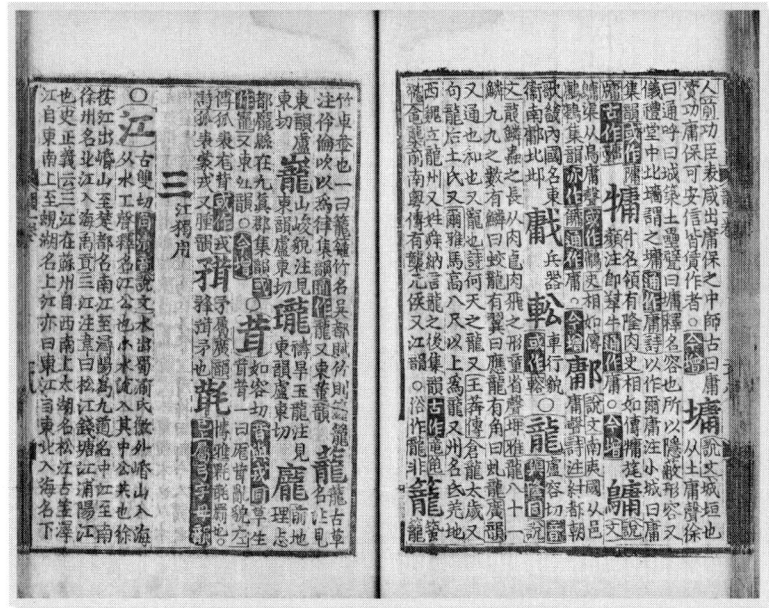

출처: 서울대학교 규장각한국학연구원

한시를 지을 때 필수적으로 사용되며, 과거 시험에 출제되고, 역관들의 중국어 학습에 필요한 한자의 운율 학습서이다.

중국 원나라 황공소(黃公紹)가 편집한 것을 태충(態忠)이 보완하여 해설을 달아 30권으로 편성한 음운서이다. 〈고금운회거요(古今韻會擧要)〉는 반절음(反切音)을 한국 음으로 번역, 훈민정음의 초성 차례로 자류(字類)를 배열하여 세종 29년(1447)에 완성한 〈동국정운(東國正韻)〉의 기본이 되는 책이다.

반절법(反切法)

출처: 서울대학교 규장각한국학연구원

江
古 雙
고 쌍

ㄱ + ㅏ = 강

동국정운(東國正韻)

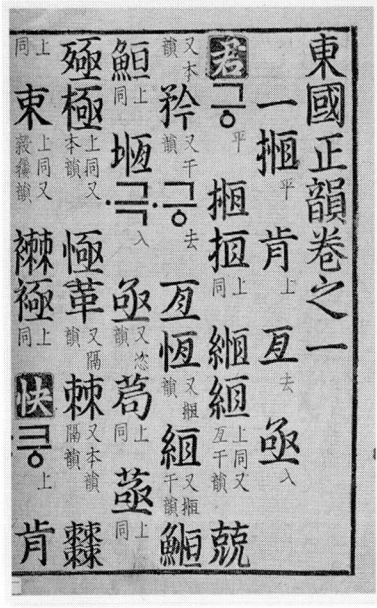

출처: 서울대학교 규장각한국학연구원

세종 29년(1447)에 신숙주, 최항, 성삼문 등이 왕명을 받들어 〈홍무정운〉을 모방하여 지은 자전으로 당시의 한자음이 중국 원음과 많이 달라졌으므로 새롭게 한자음으로 바로 세우고자 만들었다. 그러므로 당시 현실 한자음과 거리가 먼 이상적인 한자음이다.

	아음	설음	순음	치음		후음	반설음	반치음
전청	ㄱ 君	ㄷ 斗	ㅂ 彆	ㅈ 卽	ㅅ 戌	ㆆ 挹		
차청	ㅋ 快	ㅌ 呑	ㅍ 漂	ㅊ 侵		ㅎ 虛		
불청불탁	ㆁ 業	ㄴ 那	ㅁ 彌			ㅇ 欲	ㄹ 閭	ㅿ 穰

상소문의 개요

1443년 12월 세종의 왕명으로 최항, 정인지, 박팽년, 신숙주, 성삼문 등의 집현전 소장학자들이 훈민정음을 연구하고 운회(韻會)의 번역으로 한자음을 개혁하려 하자, 그는 이를 반대하였다.

처음에 최만리는 한자를 버려서는 안 된다고 하면서 이두(吏讀)를 더 발전시키는 것이 좋겠다고 했다. 이것은 집현전 학자들 내에서도 상반되는 의견 대립을 조성했다. 젊은 학자들은 무엇 때문에 우리의 글을 만드는 데 한자를 이용하겠는가 하며 최만리의 견해에 반기를 들었다.

1444년 2월 최만리는 신석조, 김문, 하위지, 정창손 등 집현전 내 훈민정음 창제에 반대하는 학자들과 함께 훈민정음 창제에 대한 반대 상소를 올렸다.

> ① 중국과 다른 문자를 만드는 것은 사대모화에 어긋난다.
> ② 오랑캐만이 한자를 쓰지 않고, 자신의 문자가 있다.
> ③ 이두(吏讀)는 한자를 배우는 데 도움이 되지만 언문(諺文)은 그렇지 못해 유익함이 없다.
> ④ 백성이 언문을 알아도 억울함은 없어지지 않는다.
> ⑤ 널리 의견을 묻지 않고 갑자기 이배(吏輩)에게 언문을 가르쳐 운서를 고쳐 인쇄하려는 것은 신중하지 못하다.
> ⑥ 세자가 언문 일을 해서는 안 된다.

최만리는 이때 상소를 올린 집현전 학자들의 실질적인 대표격인 부제학이었는데, 이에 세종의 노여움을 사 책망받은 뒤, 친국을 당하기도 했다. 다음날 석방되었으나 사직하고 낙향했다.

최만리 상소문

세종실록 103권, 세종 26년 2월 20일 경자 1번째 기사

○庚子/集賢殿副提學崔萬理等上疏曰:
臣等伏覩諺文制作, 至爲神妙, 創物運智, 夐出千古。然以臣等區區管見, 尙有可疑者, 敢布危懇, 謹疏于後, 伏惟聖裁。

집현전 부제학(集賢殿副提學) 최만리(崔萬理) 등이 상소하기를, 신 등이 엎드려 살펴보니, 언문(諺文)을 제작하신 것이 지극히 신묘하고 만물을 창조하시고 지혜를 운전하심이 천고에 뛰어나시지만 신 등의 구구한 좁은 소견으로는 오히려 의심되는 것이 있습니다. 감히 간곡한 정성을 펴서 삼가 뒤에 열거하오니 엎드려 성재(聖裁)하시옵기를 바랍니다.

一. 我朝自祖宗以來, 至誠事大, 一遵華制, 今當同文同軌之時, 創作諺文, 有駭觀聽。儻曰諺文皆本古字, 非新字也, 則字形雖倣古之篆文, 用音合字, 盡反於古, 實無所據。若流中國, 或有非議之者, 豈不有愧於事大慕華?

> 우리 조선은 조종 때부터 내려오면서 정성으로 대국(大國)을 섬기어 한결같이 중화(中華)의 제도를 따랐는데, 이제 문자와 제도가 (중국)같은 이때에 언문을 창작하신 것은 보고 듣기에 놀랍습니다. 만약 '언문은 모두 옛 글자를 본뜬 것이고 새로 된 글자가 아니라.' 하지만, 글자의 형상은 비록 옛날의 전문(篆文)을 모방하였을지라도 음을 쓰고 글자를 합하는 것은 모두 옛 것에 반대되니 실로 근거할 것이 없습니다. 만일 중국에 흘러 들어가서 혹시라도 비난하는 말이 있으면 어찌 대국을 섬기고 중화를 사모하는 데에 부끄러움이 없겠습니까?

> 一, 自古九州之內, 風土雖異, 未有因方言而別爲文字者, 唯蒙古、西夏、女眞、日本、西蕃之類, 各有其字, 是皆夷狄事耳, 無足道者。〈傳〉曰: "用夏變夷, 未聞變於夷者也。
>
> 옛부터 구주(九州)의 안에 풍토는 비록 다르지만 지방의 말에 따라 따로 문자를 만든 것이 없습니다. 오직 몽고(蒙古)·서하(西夏)·여진(女眞)·일본(日本)과 서번(西蕃)의 등이 각기 그 글자가 있지만이는 모두 오랑캐[夷狄]의 일이므로 족히 말할 것이 없습니다. 옛 글에 전하기를, '화하(華夏)를 써서 오랑캐를 변화시킨다.' 하였고, 화하가 오랑캐로 변한다는 것은 듣지 못하였습니다.

"歷代中國皆以我國有箕子遺風, 文物禮樂, 比擬中華。今別作諺文, 捨中國而自同於夷狄, 是所謂棄蘇合之香, 而取螗螂之丸也, 豈非文明之大累哉?

역대로 중국에서 모두 우리나라는 기자(箕子)의 남긴 풍속이 있다 하고, 문물과 예악을 중화에 견주어 말하기도 하는데, 이제 따로 언문을 만드는 것은 중국을 버리고 스스로 오랑캐와 같아지려는 것입니다. 이른바 소합향(蘇合香)을 버리고 당랑환(螗螂丸)을 취함이오니, 어찌 문명의 큰 흠절이 아니겠습니까

一. 新羅 薛聰吏讀, 雖爲鄙俚, 然皆借中國通行之字, 施於語助, 與文字元不相離, 故雖至胥吏僕隷之徒, 必欲習之。先讀數書, 粗知文字, 然後乃用吏讀。用吏讀者, 須憑文字, 乃能達意, 故因吏讀而知文字者頗多, 亦興學之一助也。

신라 설총(薛聰)의 이두(吏讀)는 비록 야비한 이언(俚言)이오나, 모두 중국에서 통하는 글자를 빌어서 어조(語助)에 사용하였는데 문자가 원래 서로 분리된 것이 아니므로, 비록 서리(胥吏)나 복예(僕隷)의 무리에 이르기까지 반드시 익히려 하면, 먼저 몇 가지 글을 읽어서 대강 문자를 알게 된 후에 이두를 쓰게 되는데, 이두를 쓰는 자는 비록 문자에 의거하여야 능히 의사를 통하게 되기 때문에, 이두로 인하여 문자를 알게 되는 자가 자못 많으니, 또한 학문을 부흥시키는 데에 도움이 되었습니다.

若我國, 元不知文字, 如結繩之世, 則姑借諺文, 以資一時之用
猶可, 而執正議者必曰: "與其行諺文以姑息, 不若寧遲緩而習
中國通行之文字, 以爲久長之計也。

만약 우리나라가 원래부터 문자를 알지 못하여 결승(結繩)하는 세대라면 우선 언문을 빌어서 한때의 사용에 이바지하는 것은 오히려 가능할 것입니다. 그래도 바른 의논을 고집하는 자는 반드시 말하기를, '언문을 시행하여 임시 방편을 하는 것보다는 차라리 더디고 느릴지라도 중국에서 통용하는 문자를 습득하여 길고 오랜 계책을 삼는 것만 같지 못하다.'고 할 것입니다.

"而況吏讀行之數千年, 而簿書期會等事, 無有防(礎)〔礙〕者, 何
用改舊行無弊之文, 別創鄙諺無益之字乎? 若行諺文, 則爲吏
者專習諺文, 不顧學問文字, 吏員岐而爲二。

하물며 이두는 시행한 지 수천 년이나 되어 부서(簿書)나 기회(期會)등의 일에 방애(防礙)됨이 없는데, 어찌 예로부터 시행하던 폐단 없는 글을 고쳐서 따로 야비하고 상스러운 무익한 글자를 창조하십니까? 만약에 언문을 시행하면 관리된 자가 오로지 언문만을 습득하고 학문하는 문자를 돌보지 않아서 이원(吏員)이 둘로 나뉘어질 것입니다.

苟爲吏者以諺文而宦達, 則後進皆見其如此也, 以爲: "二十七字諺文, 足以立身於世, 何須苦心勞思, 窮性理之學哉?" 如此則數十年之後, 知文字者必少。雖能以諺文而施於吏事, 不知聖賢之文字, 則不學墻面, 昧於事理之是非, 徒工於諺文, 將何用哉?

진실로 관리 된 자가 언문을 배워 통달한다면, 후진(後進)이 모두 이러한 것을 보고 생각하기를, 27자의 언문으로도 족히 세상에 입신(立身)할 수 있다고 할 것이니, 무엇 때문에 고심 노사(苦心勞思)하여 성리(性理)의 학문을 궁리하려 하겠습니까. 이렇게 되면 수십 년 후에는 한자를 아는 사람이 반드시 적어져서, 비록 언문으로써 능히 이사(吏事)를 집행한다 할지라도, 성현의 문자를 알지 못하고 배우지 않아서 담을 대하는 것처럼 사리의 옳고 그름에 어두울 것이니, 언문에만 능숙한들 장차 무엇에 쓸 것이겠습니까.

必有更張之議者, 此灼然可知之理也。厭舊喜新, 古今通患, 今此諺文不過新奇一藝耳, 於學有損, 於治無益, 反覆籌之, 未見其可也。

반드시 고쳐 새롭게 하자고 의논하는 자가 있을 것으로 이는 환하게 알 수 있는 이치입니다. 옛 것을 싫어하고 새 것을 좋아하는 것은 고금에 통한 걱정인데, 이번의 언문은 새롭고 기이한 한 가지 기예(技藝)에 지나지 못한 것으로, 학문에 방해됨이 있고 정치에 유익함이 없으므로, 아무리 되풀이하여 생각하여도 그 옳은 것이라고 볼 수 없습니다.

我國家積累右文之化, 恐漸至掃地矣。前此吏讀, 雖不外於文字, 有識者尚且鄙之, 思欲以吏文易之, 而況諺文與文字, 暫不干涉, 專用委巷俚語者乎? 借使諺文自前朝有之, 以今日文明之治, 變魯至道之意, 尚肯因循而襲之乎?

우리나라에서 오래 쌓아 내려온 우문(右文)의 교화가 점차로 땅을 쓸어버린 듯이 없어질까 두렵습니다. 전에는 이두가 비록 문자 밖의 것이 아닐지라도 유식한 사람은 오히려 야비하게 여겨 이문(吏文)으로써 바꾸려고 생각하였는데, 하물며 언문은 문자와 조금도 관련됨이 없고 오로지 시골의 상말을 쓴 것이겠습니까. 가령 언문이 전조(前朝) 때부터 있었다 하여도 오늘의 문명한 정치에 변로지도(變魯至道)하려는 뜻으로서 오히려 그대로 물려받을 수 있겠습니까.

一, 若曰如刑殺獄辭, 以吏讀文字書之, 則不知文理之愚民, 一字之差, 容或致冤。今以諺文直書其言, 讀使聽之, 則雖至愚之人, 悉皆易曉而無抱屈者, 然自古中國言與文同, 獄訟之間, 冤枉甚多。

만일 '형살(刑殺)에 대한 옥사(獄辭)같은 것을 이두 문자로 쓴다면, 문리(文理)를 알지 못하는 어리석은 백성이 한 글자의 착오로 혹 원통함을 당할 수도 있겠으나, 이제 언문으로 그 말을 직접 써서 읽어 듣게 하면, 비록 지극히 어리석은 사람일지라도 모두 다 쉽게 알아들어서 억울함을 품을 자가 없을 것이라.' 하니, 예로부터 중국은 말과 글이 같아도 옥송(獄訟) 사이에 원왕(冤枉)한 것이 심히 많습니다.

借以我國言之, 獄囚之解吏讀者, 親讀招辭, 知其誣而不勝箠楚, 多有枉服者, 是非不知招辭之文意而被冤也明矣。若然則雖用諺文, 何異於此? 是知刑獄之平不平, 在於獄吏之如何, 而不在於言與文之同不同也。欲以諺文而平獄辭, 臣等未見其可也。

가령 우리나라로 말하더라도 옥에 갇혀 있는 죄수로서 이두를 해독하는 자가 친히 초사(招辭)를 읽고서 허위인 줄을 알면서도 매를 견디지 못하여 그릇 항복하는 자가 많으니, 이는 초사의 글 뜻을 알지 못하여 원통함을 당하는 것이 아님이 명백합니다. 만일 그러면 비록 언문을 쓴다 할지라도 무엇이 이보다 다르겠습니까? 이것은 형옥(刑獄)의 공평하고 공평하지 못함이 옥리(獄吏)의 어떠하냐에 있고, 말과 문자의 같고 같지 않음에 있지 않은 것을 알 수 있으니, 언문으로써 옥사를 공평하게 한다는 것은 신 등은 그 옳은 줄을 알 수 없습니다.

一, 凡立事功, 不貴近速。國家比來措置, 皆務速成, 恐非爲治之體。儻曰諺文不得已而爲之, 此變易風俗之大者, 當謀及宰相, 下至百僚國人, 皆曰可, 猶先甲先庚, 更加三思, 質諸帝王而不悖, 考諸中國而無愧, 百世以俟聖人而不惑, 然後乃可行也。

무릇 사공(事功)을 세움에는 가깝고 빠른 것을 귀하게 여기지 않는데, 국가가 근래에 조치하는 것이 모두 빨리 이루는 것을 힘쓰니, 나라를 다스림에 있어서 그릇됨이 있을까 두렵습니다. 가 합니다. 만일에 언문은 할 수 없어서 만드는 것이라 한다면, 이것은 풍속을 변하여 바꾸는 큰 일이므로, 마땅히 재상으로부터 아래로는 백료(百僚)에 이르기까지 함께 의논하셔서나라 사람이 모두 옳다 하여도 오히려 시행하는 시기를 세 번쯤 생각하셔서 여러 제왕(帝王)에게 물어 거스름이 없고, 중국에 부끄러움이 없은 후에백세에 성인이 나타나셔도 의심스러운 바가 없은 연후에야 이에 가히 행하실 것입니다.

今不博採群議, 驟令吏輩十餘人訓習, 又輕改古人已成之韻書, 附會無稽之諺文, 聚工匠數十人刻之, 劇欲廣布, 其於天下後世公議何如?

이제 넓게 여러 사람의 의논을 채택하지도 않고 갑자기 서리10여 명에게 가르쳐 익히게 하며, 또 옛사람이 이미 만든 운서(韻書)를 경솔하게 고치고 근거 없는 언문으로 표기하여 공인수십 인을 모아 각본(刻本)하여서 급하게 널리 반포하려 하시니, 후세 사람의 공론과 논의가 어떠하겠습니까?

且今淸州椒水之幸, 特慮年歉, 扈從諸事, 務從簡約, 比之前日, 十減八九, 至於啓達公務, 亦委政府。若夫諺文, 非國家緩急不得已及期之事, 何獨於行在而汲汲爲之, 以煩聖躬調爕之時乎? 臣等尤未見其可也。

또한 이번 청주 초수리(椒水里)에 거동하시는 데도 특히 연사가 흉년인 것을 염려하시어 호종하는 모든 일을 힘써 간략하게 하셨으므로, 전일에 비교하오면 10에 8, 9는 줄어들었고, 전하께 전달하는 업무까지도 의정부(議政府)에 맡기시니, 언문 같은 것은 국가의 급하고 부득이하게 기한에 미쳐야 할 일도 아닌데, 어찌 이것만은 임시 처소에서 서둘어 만들어서 성궁(聖躬)을 전하의 건강을 번거롭게 하십니까? 신 등은 더욱 그 옳음을 알지 못하겠습니다.

一, 先儒云: "凡百玩好, 皆奪志, 至於書札, 於儒者事最近, 然一向好着, 亦自喪志。" 今東宮雖德性成就, 猶當潛心聖學, 益求其未至也。

옛 선비가 이르기를, '여러가지 놀이가 구경거리는 저절로 정신을 팔리게 하는 것인데, 편지 등도 선비의 하는 일에 가장 가까운 것이나, 외곬으로 그것만 좋아하면 또한 자연히 지기가 상실된다.' 하였습니다. 이제 왕세자가 비록 덕성이 성취되셨다 할지라도 아직은 성학(聖學)에 마음을 붙여 도달에 이르지 못한 데까지 더욱 파고들어야 할 것입니다.

> 諺文縱曰有益, 特文士六藝之一耳, 況萬萬無一利於治道, 而乃研精費思, 竟日移時, 實有損於時敏之學也。臣等俱以文墨末技, 待罪侍從, 心有所懷, 不敢含默, 謹罄肺腑, 仰瀆聖聰。

언문이 비록 유익하지만 특히 문사(文士)의 육예(六藝)의 한 가지 일 뿐입니다. 하물며 만에 하나도 정치하는 도리에 유익됨이 없는데, 정신을 연마하고 사려를 허비하며 날을 보내는 것은 참으로 시대에 적절한 학업에 손실입니다. 신 등이 모두 문묵(文墨)의 보잘것없는 재주로 관리에 대죄(待罪)하고 있으므로, 마음에 품은 생각을 말하지 않을 수 없어서 삼가 온마음 다하여 임금께 시끄럽게 말씀을 올리는 것입니다.

세종의 답변

> 覽疏,
> 謂萬理等曰: "汝等云: '用音合字, 盡反於古.' 薛聰吏讀, 亦非異音乎? 且吏讀制作之本意, 無乃爲其便民乎? 如其便民也, 則今之諺文, 亦不爲便民乎? 汝等以薛聰爲是, 而非其君上之事, 何哉? 且汝知韻書乎? 四聲七音, 字母有幾乎? 若非予正其韻書, 則伊誰正之乎?

임금이 상소문을 보고,
만리 등에게 이르기를, "그대들이 '음을 응용하고 글자를 합한 것이 모두 옛글에 위반된다.' 하였는데, 설총의 이두도 역시 음이 다르지 않느냐. 또한 이두를 만들어낸 본 뜻이 백성을 편리하게 하고자 한 것이라면 지금의 언문도 백성을 편리하게 하려 한 것이다. 그대들이 설총은 옳다 하면서 임금의 일은 그르다고 하는 것은 무엇 때문이냐. 또 그대들이 운서를 아느냐. 사성과 칠음에 자모가 몇이나 있느냐. 만일 내가 그 운서를 바로잡지 않으면 누가 이를 바로잡을 것이냐.

且疏云:
'新奇一藝.' 予老來難以消日, 以書籍爲友耳, 豈厭舊好新而爲之? 且非田獵放鷹之例也, 汝等之言, 頗有過越.

그리고 상소문에서 말하기를
'새롭고 기이한 하나의 재주'라 하였으니, 내 늘그막에 와서 하는 일 없이 세월을 보내기가 어려워서 서적으로 벗을 삼았는데, 어찌 옛것을 싫어하고 새것을 좋아하여 하는 것이겠느냐. 또한 짐승 사냥을 하다가 매사냥을 하는 것도 아닌 바에야 그대들의 말은 너무 지나치노라.

且予年老, 國家庶務, 世子專掌, 雖細事固當參決, 況諺文乎? 若使世子常在東宮, 則宦官任事乎? 汝等以侍從之臣, 灼知予意, 而有是言可乎?"

그리고 내가 나이 늙어서 나라의 일을 세자에게 오로지 맡겼으니, 비록 자잘한 일일지라도 응당 참가하여 결정함이 마땅하거든, 하물며 언문에 대해서야 더 말할 것이 있겠느냐. 만약 세자로 하여금 항상 동궁에만 있게 한다면 환관에게 일을 맡길 것이냐. 그대들이 가까이 보필하는 신하로서 내 뜻을 잘 알고 있으면서도 이러한 말을 하는 것은 옳겠는가." 하였다.

萬理等對曰: "薛聰吏讀, 雖曰異音, 然依音依釋, 語助文字, 元不相離。今此諺文, 合諸字而竝書, 變其音釋而非字形也。且新奇一藝云者, 特因文勢而爲此辭耳, 非有意而然也。東宮於公事則雖細事不可不參決, 若於不急之事, 何竟日致慮乎?"

이에 만리 등이 대답하기를, "설총의 이두는 비록 음이 다르다 하나, 음과 뜻풀이에 따라 말을 돕는 글자로 음과 뜻이 원래 서로 떨어지지 않사옵니다. 하지만 언문은 여러 글자를 합하여 함께 써서 그 음과 새김이 변한 것이므로 글자의 형상이 아니옵니다. 또 새롭고 기이한 한 가지 재주라 하온 것은 특히 문맥에 의하여 이 말을 한 것에 불과하며 무슨 의도가 있어서 그렇게 한 말은 아니옵니다. 세자는 공적인 일이라면 비록 아주 작은 문제라 해도 참석해서 결정하지 않을 수 없으나 급하지 않은 일을 무엇 때문에 시간을 허비하며 마음을 쓰시게 하시옵니까." 하였다.

上曰

"前此金汶啓曰: '制作諺文, 未爲不可.' 今反以爲不可。又鄭昌孫曰: '頒布<三綱行實>之後, 未見有忠臣孝子烈女輩出。人之行不行, 只在人之資質如何耳, 何必以諺文譯之, 而後人皆效之?' 此等之言, 豈儒者識理之言乎? 甚無用之俗儒也。"

임금이 말하기를, "이보다 앞서 김문이 아뢰기를 '언문을 만드는 데 안될 일은 없습니다.' 하였는데 지금은 도리어 안된다 하고, 또 정창손은 말하기를, "삼강행실을 반포한 후에 충신·효자·열녀의 무리가 나옴을 볼 수 없는 것은, 사람이 행하고 행하지 않는 것이 사람의 자질 여하에 있기 때문입니다. 어찌 꼭 언문으로 번역한 후에야 사람이 모두 본받을 것입니까." 하였으니, 이 따위 말이 어찌 선비의 이치를 아는 말이겠느냐. 아무짝에도 쓸 데 없는 용렬한 선비이다." 하였다.

前此, 上敎昌孫曰: "予若以諺文譯<三綱行實>, 頒諸民間, 則愚夫愚婦, 皆得易曉, 忠臣孝子烈女, 必輩出矣。" 昌孫乃以此啓達, 故今有是敎。
上又敎曰: "予召汝等, 初非罪之也, 但問疏內一二語耳。汝等不顧事理, 變辭以對, 汝等之罪, 難以脫矣。"

이보다 앞서 임금이 정창손에게 하교하기를 "내가 만일 언문으로 삼강행실을 번역하여 민간에 반포하면 어리석은 남녀가 모두 쉽게 깨달아서 충신·효자·열녀가 반드시 무리로 나올 것이다." 하였는데, 창손이 이 말에 대해 아뢰었기 때문에 이제 이러한 하교가 있은 것이다.

임금이 또 하교하기를 "내가 그대들을 부른 것은 처음부터 죄 주려 한 것이 아니고, 다만 상소문 안에 한두 가지 말을 물으려 하였던 것인데, 그대들이 사리를 돌아보지 않고 말을 뒤집어 대답하니, 그대들은 죄를 벗기 어려울 것이다." 하였다.

遂下副提學崔萬理、直提學辛碩祖、直殿金汶、應敎鄭昌孫、副校理河緯地、副修撰宋處儉、著作郞趙瑾于義禁府。翌日, 命釋之, 唯罷昌孫職。

仍傳旨義禁府: 金汶前後變辭啓達事由, 其鞫以聞。

드디어 부제학 최만리, 직제학 신석조, 직전 김문, 응교 정창손, 부교리 하위지, 부수찬 송처검, 저작랑 조근을 의금부에 내렸다가 그 이튿날 석방하라 명하였는데 오직 정창손만은 파면시켰다.

동시에 의금부에 지시하기를

"김문이 앞뒤말을 바꿔 아뢴 사유를 국문하여 보고하라."고 하였다.

더 읽을거리

- 국사편찬위원회 조선왕조실록(http://sillok.history.go.kr/)
- 김슬옹(2009), 세종대왕과 훈민정음학, 지식산업사.
- 정광(2019), 훈민정음의 사람들, 박문사.
- 정인택(2016), 최만리 상소문 해설, 알다.
- 정주리·시정곤(2011), 조선언문실록, 고즈원.

5장

조선시대 우리말 학습

한자 학습

김홍도 서당도

천자문(千字文)

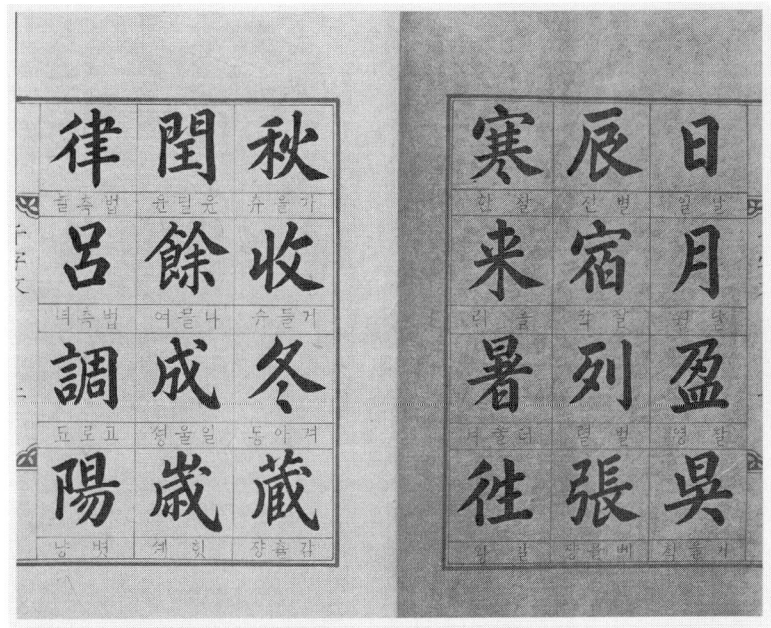

　왕실에서 의례용으로 사용하던 〈천자문(千字文)〉이다. 표지를 녹색 비단으로 장정하고, 테두리를 붉은 비단으로 감싸고 비단 제첨에 필사하였다. 공격지가 앞뒤로 한 장씩 있는데, 앞 공격지는 노란색, 뒤 공격지는 붉은색 종이를 사용하였다. 본문은 노란색, 분홍색, 초록색, 파란색, 흰색, 붉은색의 색지에 필사되었다. 판식은 색지의 색깔에 맞추어 붉은색 혹은 푸른색으로 그렸다.

주해 천자문(註解千字文)

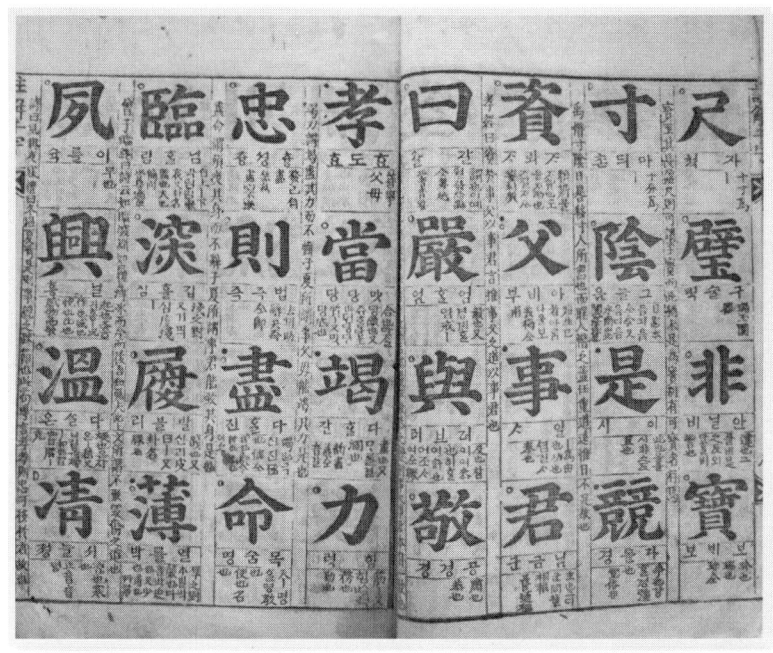

〈천자문〉의 각 글자에 새김과 음을 달고 주해를 덧붙인 한자 교본이다. 각 한자에 대해 석(釋)과 음(音)을 한 가지씩만 달았던 종래의 〈천자문〉과 달리 한자 1자에 대해 2~3개의 석과 음을 달고 간략한 주석과 함께 250구 매구를 한문으로 풀이한 통해(通解)가 있다.

〈주해천자문(註解千字文)〉의 내용은 전반적으로 〈석봉천자문(石峰千字文)〉과 일치되는 경향을 보인다. 그러나 〈석봉천자문〉과 〈주해천자문〉의 석(釋)이 동일하지 않은 항목이 72개인데 유의 관계에 있는 것이 54항목이며 그렇지 않은 것이 18항목이다.

유합(類合)

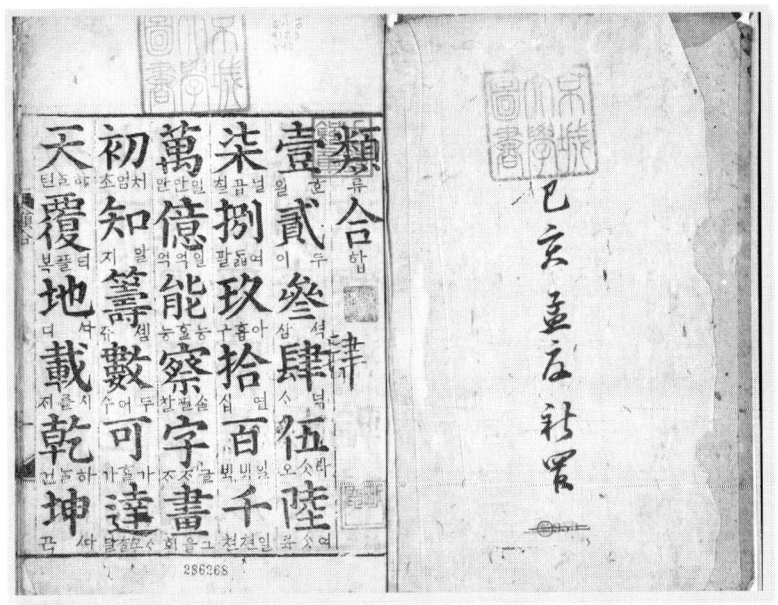

출처: 서울대학교 규장각한국학연구원

〈천자문〉과 함께 널리 사용된 입문서로 새김과 독음이 이루어진 시기는 확실하지 않다.

수록된 한자는 1,515자인데, 의미 내용에 따라 수목(數目)·천문(天文)·중색(衆色) 등으로 구별하고, 4언으로 대구를 만들어 한글로 새김과 독음을 달았다.

신증유합(新增類合)

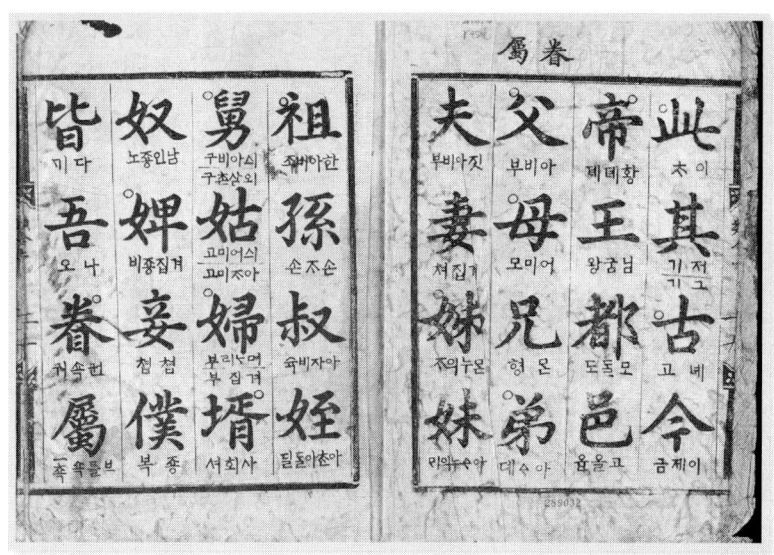

출처: 서울대학교 규장각한국학연구원

〈신증유합(新增類合)〉은 한문 입문서의 하나이다. 〈유합(類合)〉을 증보하고 수정하여 편찬하여서 신증유합이라 이름하였다. 1576년(선조 9년)에 유희춘(柳希春)이 2권 1책으로 지은 목활자본이다. 〈천자문(千字文)〉·〈훈몽자회(訓蒙字會)〉 등의 한자 입문서와 함께 널리 이용되었다.

분류어휘집으로 상권에는 24부문에 표제어 1,000자, 하권에는 3부문에 2,000자가 분류되어 있다.

경기민요 잡가 〈국문뒤풀이〉

서울 지방 잡가 중의 하나로 남도소리의 천자뒤풀이와 같이 국문으로 여러 가지 말을 재미있게 엮어 나가는 곡조를 굿거리장단에 얹어서 부른다. 원래는 '언문뒤풀이'라고 하였다. 한글의 자음과 모음을 각 절의 첫 구에 배치하고 여기에 사랑의 이야기를 엮어 음악적인 변화보다는 사설 전개에 중점을 두고 부른다. 여러 가지 사설로 불리던 것을 경기 명창 이창배가 다시 다듬었다.

> 가나다라마바사아자차 잊었구나 기역 니은 디귿 리을
> 기역 자로 집을 짓고 지긋지긋이 사쟀더니
> 가갸 거겨 가이 없는 이내 몸이 그지없이도 되었구나
> 고교 구규 고생하던 우리 낭군 구간하기가 짝이 없구나
> 나냐 너녀 나귀 등에 솔질을 하여 송금안장을 지워 놓고 팔도강산 유람을 할까
> 노뇨 누뉴 노세노세 젊어 노세 늙어지면은 못 노나니
> 다댜 더뎌 다닥다닥 붙었던 정이 어이없이도 떨어졌네
> 도됴 두듀 도중에 늙은 몸이 다시 갱소년 어려워라
> 라랴 러려 날아가는 원앙새야 너와 날과 짝을 짓잖다
> 로료 루류 노류장화는 인개가절인데 처처에 잇건마는
> 마먀 머며 마자마자 마쟀더니 임의 생각을 또 하는구나
> 모묘 무뮤 모지도다 모지도다 무심한 그 사람 모지도다
> 바뱌 버벼 밥을 먹다 돌아다 보니 벗이 없어서 못 먹겠구나
> 보뵤 부뷰 보고 지고 보고 지고 한양낭군이 보고 지고
> 사샤 서셔 사자고 굳은 언약 언약이 진충치 못 하였구나

소쇼 수슈 소슬단풍 찬바람에 울고 가는 저 기럭아

아야 어여 아예 덥썩 잡았던 손목 어이없이도 놓쳤구나

오요 우유 오동 복판 거문고에 새 줄 얹어 타노나니 백학이 제 집작하고 우줄우줄 춤을 춘다

자쟈 저져 자로 종종 오시던 임 어이 요다지 왜 못 오는가

조죠 주쥬 조별 낭군은 내 낭군인데 어딜 가고서 날 아니 찾나

차챠 처쳐 차라리 몰랐더라면 뉘가 뉜 줄을 몰랐을 것을

초쵸 추츄 초당에 곤히 든 잠 학의 소래 놀라 깨니 울던 학은 간 곳이 없고 들리나니 물소리로다

카캬 커켜 용천검 드는 비수로 이네 일신을 베이고 가오

고교 구규 콜짝콜짝 흐르는 눈물 옷깃을 다 적셨구나

타탸 터텨 타향살이 십여 년에 청춘만 늙었구나

토툐 투튜 토의 지신 감동하사 임 생기게 하여를 주소

파퍄 퍼펴 파요 파요 보고만 파요 임의 옥천당 보고만 파요

포표 푸퓨 폭포수 깊은 물에 풍기 두덩실 빠졌더라면 이 꼴 저 꼴은 아니나 볼 걸

하햐 허혀 한양낭군은 내 낭군인데 한 자 소식이 돈절이로다

호효 후휴 후회지심 마쟀더니 다시 생각을 또 하는구나

과궈 놔눠 영리과천 지나실 길에 과문불입이 웬 말씀이오 다둬 라뤄

송창식 〈가나다라〉

가나다라마바사아자차카타파하 헤이헤이
하고싶은 말들은 너무너무 많은데 이 내 노래는 너무 너무 짧고
일이삼사오륙칠팔구 하고 싶이요 헤이헤이
하고싶은 일들은 너무너무 많은데 이내 두팔이 너무 모자라고
일엽편주에 이마음 띄우고 허웃음한번 웃자

어기여 어기여 어기여 어기여 노를 저어 나아가라 가자 가자 가자
가슴한번 다시 펴고 하늘천따지 검을현 누루황 헤이헤이
알고싶은 진리는 너무너무 많은데 이내 머리가 너무너무 작고
일엽편주에 이마음 띄우고 허웃음한번 웃자
태종태세문단세예성연중인명선 헤이헤이
쫓고싶은 인물은 너무너무 많은데 이내 다리가 너무너무 짧고
갑자을축 병인정묘무진기사 경오신미 헤이헤이
잡고싶은 순간은 너무너무 많은데 가는 세월은 너무 빠르고
일엽편주에 이마음 띄우고 허 웃음한번 웃자

어기여 어기여 어기여 어기여 이리뛰고 저리뛰고 뱅글 뱅글
다시보면 다시 그자리 중건천 중곤지 수뢰둔 산수몽 헤이 헤이
하늘보고 땅보고 여기저기 보아도 세상만사는 너무너무 깊고
일엽편주에 이마음 띄우고 허 웃음한번 웃자

일엽편주에 이마음 띄우고 허 웃음한번 크게 웃자고

훈몽자회

훈몽자회(訓蒙字會)

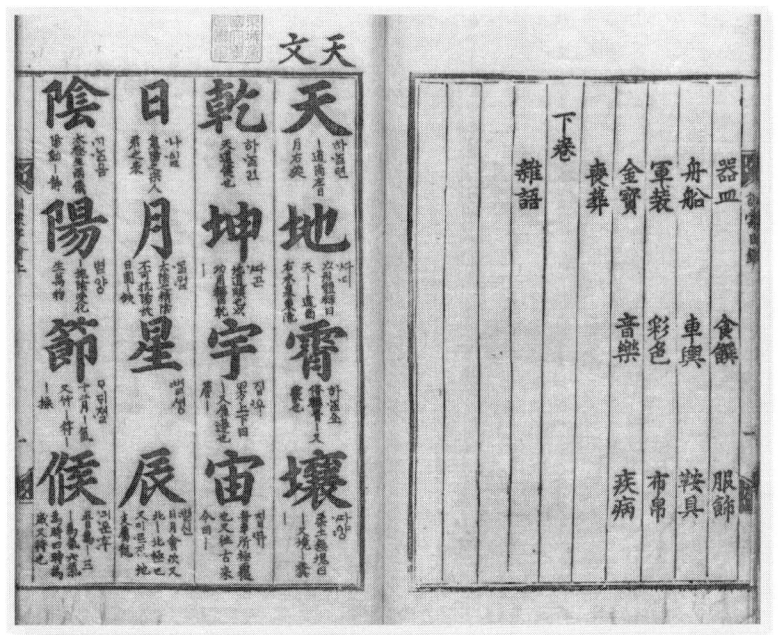

출처: 서울대학교 규장각한국학연구원

　최세진은 한자 학습에 사용된 〈천자문〉과 〈유합〉 등의 책이 실제 사물과 직결된 실자(實字)들을 충분히 다루지 않고 있다고 비판하여 실자(實字)를 위주로 이 책을 편찬했다. 상·중·하 각 권에 1,120자씩 총 3,360자를 수록하였다. 한자 배열은 상권을 천문·지리 등 16개 부문, 중권을 인류·궁택 등 16개 부문으로 나누어 전실자(全實字)를 수록했고, 하권에는 잡어라고 하여 반실반허자(半實半虛字)를 수록했다. 〈천자문〉과 〈유합〉에 비해 한자 수가 많았기 때문에 한자 교육에 중요한 역할을 했다.

언문자모

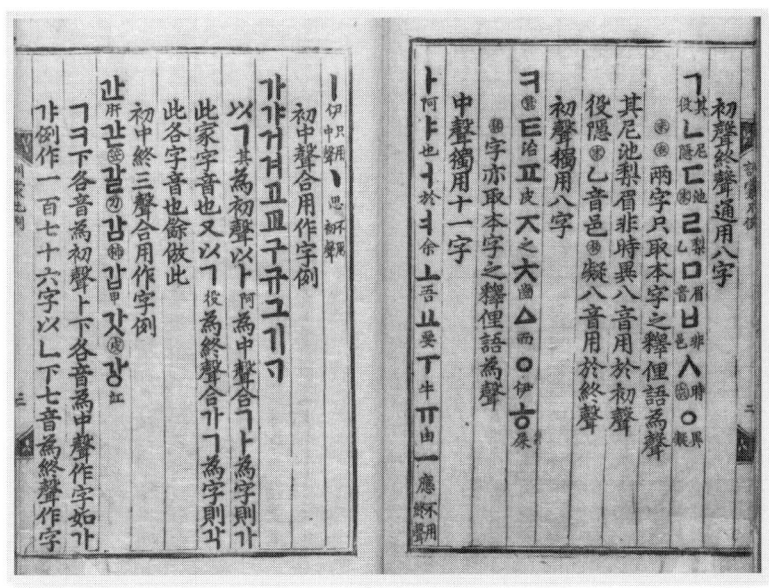

출처: 서울대학교 규장각한국학연구원

1. 훈몽자회 자모의 순서

① 초성과 종성에 두루 쓰는 8자 (初聲終聲通用八字)

ㄱ, ㄴ, ㄷ, ㄹ, ㅁ, ㅂ, ㅅ, ㆁ

② 초성에만 쓰는 8자 (初聲獨用八字)

ㅋ, ㅌ, ㅍ, ㅈ, ㅊ, ㅿ, ㅇ, ㅎ

③ 중성에만 쓰는 11자 (中聲獨用十一字)

ㅏ, ㅑ, ㅓ, ㅕ, ㅗ, ㅛ, ㅜ, ㅠ, ㅡ, ㅣ, ㆍ

→ 총 27자로 'ㆆ'이 탈락

→ 한글 학습의 효율성을 높이기 위한 순서 배열이 이루어짐

2. 훈몽자회의 한글 자모 발음 표시

한글 자모의 음가를 한자로 표기하고 읽는 방법을 제시하고 있다.

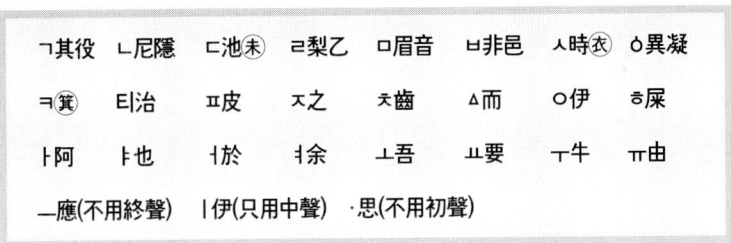

〈훈몽자회(訓蒙字會)〉의 '언문자모'가 있기 때문에 최세진이 한글 자모 명칭을 만든 것으로 오해할 수 있으나, 이는 당시에 널리 행하여진 관습을 최세진이 적어놓은 데 지나지 않는다.

'초성종성통용팔자'에 대해서는 두 자씩 적으면서 첫 자는 초성의 발음, 끝 자는 종성의 발음을 나타낸다. 즉 其는 '초성 ㄱ', 役은 '종성 ㄱ'으로 'ㄱ'는 초성과 종성에 사용할 수 있다는 것을 보여 준다. '초성독용팔자'에 대해서 治는 '초성 ㅌ'만 발음하기 때문에 한 자씩만 제시하고 있다. 이러한 한글의 학습 방식에서 '기역, 니은, 디귿' 등이 자모의 이름으로 굳어져서 현재까지 쓰이고 있다.

훈몽자회 범례

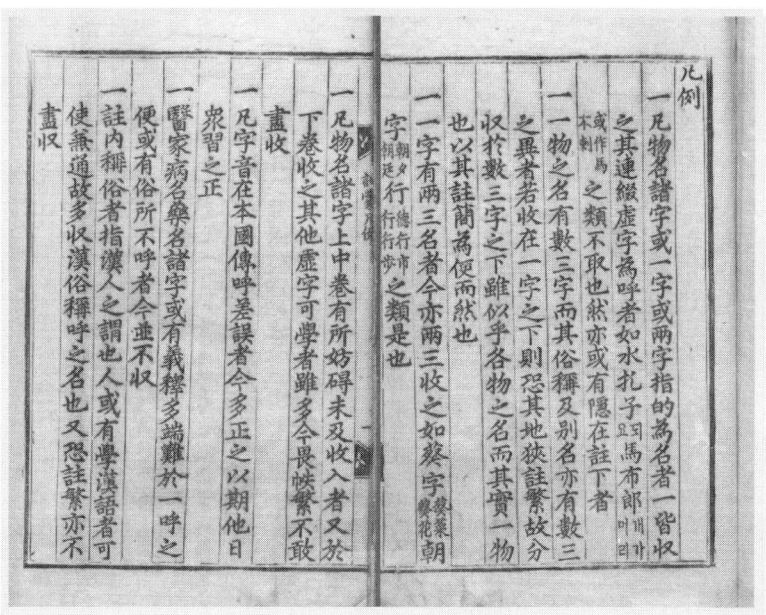

출처: 서울대학교 규장각한국학연구원

一. 凡物名諸字或一字或兩字指的爲名者一皆收之 其連綴虛字爲呼者如水扎子【되요】馬布郞【개가머리 或作馬不剌】之類不取也 然亦或有隱在註下者

무릇 물건 이름을 나타내는 여러 글자들 가운데, 혹 한 글자나 두 글자로 가리켜서 이름이 되는 것은 한결같이 이를 모두 수록했는데, 허자를 연철해서 水扎子(수찰자)馬布郞(마포랑)과 같이 되는 것은 이를 취하지 않았다. 그러나 혹시 주 안에 나타나는 것은 있을 것이다.

一. 一物之名有數三字 而其俗稱及別名亦有數三之異者 若收在一字之下 則恐其地狹註繁 故分收於數三字之下 雖似乎各物之名而其實一物也 以其註簡爲便而然也

한 물건의 이름으로 몇 글자가 있거나 속칭이나 별명이 역시 몇 가지 다른 것을, 만일에 한 글자 밑에 모두 수록하면 여백은 좁고 주는 번거로울까 두려워서 여러 글자 아래로 나누어서 수록했는데 비록 각 물건의 이름과 같더라도 실은 한가지 물건이며, 그 주를 간편하게 하고자 해서 그렇게 된 것이다.

一. 一字有兩三名者今亦兩三收之 如葵字【葵菜葵花】朝字【朝夕朝廷】行【德行市行行步】之類是也

한 글자가 여러 가지 이름을 나타내는 것은, 이제 모두 두세 곳에 수록했으니, 예를 들면 葵字는 葵菜(아욱국) 葵花(해바라기), 朝字는 朝夕(아침조) 朝廷(조정조), 行字는 德行(행실행) 市行(행할행, 장사를 함) 行步(다닐행)와 같은 것이 이것이다.

一. 凡物名諸字上中卷有所妨碍未及收入者 又於下卷收之 其他虛字可學者雖多今畏帙繁不敢盡收

무릇 물건 이름을 나타내는 여러 글자로서 상·중권에 넣기가 어려워 수록하지 못한 것은 하권에 수록하고, 다른 허자들도 공부해야 될 것이 비록 많으나 이제 책의 부피가 너무 두터워질까봐 모두 수록하지 못했다.

一. 凡字音在本國傳呼差誤者 今多正之 以期他日衆習之正
一. 醫家病名藥名諸字 或有義釋多端 難於一呼之便 或有俗所不呼者 今並不收

무릇 자음 가운데 우리나라에서 전해오는 발음이 달라진 것은 이제 이를 많이 바로잡아, 앞으로 여러 사람이 바른 음을 배울 수 있게 했다.
의학의 병명과 약명을 나타내는 여러 글자에, 혹 의미가 여러 가지로 있어서 하나로 발음하기가 어렵거나 일반에서 발음하지 않는 것은 이제 모두 수록하지 않았다.

一. 註內稱俗者 指漢人之謂也 人或有學漢語者可使兼通 故多收漢俗稱呼之名也 又恐註繁亦不盡收

註 안에 '俗'이라고 일컬은 것은 중국 사람이 말함을 가리킴이니, 사람들 중에 혹시 중국어를 배우는 사람이 있으면, 겸하여 통하게 할 수 있어서 중국어의 속어를 많이 수록했는데, 역시 주가 너무 번잡할까봐 모두 수록하지는 않았다.

출처: 서울대학교 규장각한국학연구원

一. 凡一字有數釋者 或不取常用之釋 而先擧別義爲用者 以今所取在此不在彼也

무릇 한 글자에 여러 가지 물건을 나타내는 뜻이 있는 글자는, 혹시 늘 쓰는 뜻을 취하지 않고 다른 뜻으로 쓰이는 글자를 먼저 들었는데, 이것은 다른 뜻을 취하고 상식적으로 쓰이는 것은 취하지 않았기 때문이다.

一. 凡在邊鄙下邑之人 必多不解諺文 故今乃幷著諺文字母 使之先學諺文 次學字會 則庶可有曉誨之益矣 其不通文字者亦皆學諺而知字 則雖無師授亦將得爲通文之人矣

무릇 시골이나 지방 사람들 가운데, 언문을 모르는 이가 많아서, 이제 언문 자모를 함께 적어 그들로 하여금 먼저 언문을 배운 다음 훈몽자회를 공부하게 하면, 혹시 밝게 깨우치는데 이로움이 있을 것이니, 한자를 모르는 사람도 역시 모두 언문을 배우고 한자를 알면, 비록 스승의 가르침이 없더라도 한문에 통할 수 있는 사람이 될 것이다.

一. 凡在外州郡刊布此書 每於一村一巷 各設學長 聚誨幼穉勤施懲勸竣 其成童升補鄕校國學之列 則人皆樂學小子有造矣

무릇 지방의 각 군에서 이 책을 출판하여 한 고을마다 각각 훈장을 두고 어린이들을 모아 가르치어 권선징악을 한 다음 소년이 되기를 기다려 향교나 국학에 진학시키면 사람들이 모두 배우기를 즐길 것이니 어린이들이 발전되는 바가 있을 것이다.

남북한 자모

1. 자모의 배열 순서

- 초성 배열 순서

남측	ㄱ ㄲ ㄴ ㄷ ㄸ ㄹ ㅁ ㅂ ㅃ ㅅ ㅆ ㅇ ㅈ ㅉ ㅊ ㅋ ㅌ ㅍ ㅎ
북측	ㄱ ㄴ ㄷ ㄹ ㅁ ㅂ ㅅ ㅈ ㅊ ㅋ ㅌ ㅍ ㅎ ㄲ ㄸ ㅃ ㅆ ㅉ ㅇ
단일	ㄱ ㄴ ㄷ ㄹ ㅁ ㅂ ㅅ ㅇ ㅈ ㅊ ㅋ ㅌ ㅍ ㅎ ㄲ ㄸ ㅃ ㅆ ㅉ

- 중성 배열 순서

남측	ㅏ ㅐ ㅑ ㅒ ㅓ ㅔ ㅕ ㅖ ㅗ ㅘ ㅙ ㅚ ㅛ ㅜ ㅝ ㅞ ㅟ ㅠ ㅡ ㅢ ㅣ
북측	ㅏ ㅑ ㅓ ㅕ ㅗ ㅛ ㅜ ㅠ ㅡ ㅣ ㅐ ㅒ ㅔ ㅖ ㅚ ㅟ ㅢ ㅘ ㅝ ㅙ ㅞ
단일	ㅏ ㅑ ㅓ ㅕ ㅗ ㅛ ㅜ ㅠ ㅡ ㅣ ㅐ ㅒ ㅔ ㅖ ㅘ ㅚ ㅙ ㅝ ㅟ ㅞ ㅢ

- 종성 배열 순서

남측	ㄱ ㄲ ㄳ ㄴ ㄵ ㄶ ㄷ ㄹ ㄺ ㄻ ㄼ ㄽ ㄾ ㄿ ㅀ ㅁ ㅂ ㅄ ㅅ ㅆ ㅇ ㅈ ㅊ ㅋ ㅌ ㅍ ㅎ
북측	ㄱ ㄳ ㄴ ㄵ ㄶ ㄷ ㄹ ㄺ ㄻ ㄼ ㄽ ㄾ ㄿ ㅀ ㅁ ㅂ ㅄ ㅅ ㅇ ㅈ ㅊ ㅋ ㅌ ㅍ ㅎ ㄲ ㅆ
단일	ㄱ ㄴ ㄷ ㄹ ㅁ ㅂ ㅅ ㅇ ㅈ ㅊ ㅋ ㅌ ㅍ ㅎ ㄲ ㄳ ㄵ ㄶ ㄺ ㄻ ㄼ ㄽ ㄾ ㄿ ㅀ ㅄ ㅆ

2. 자모의 이름

- 초성 배열 순서

	ㄱ	ㄷ	ㅅ	ㄲ	ㄸ	ㅃ	ㅆ	ㅉ
남측	기역	디귿	시옷	쌍기역	쌍디귿	쌍비읍	쌍시옷	쌍지읒
북측	기윽	디읃	시읏	된기윽	된디읃	된비읍	된시읏	된지읒
	그	드	스	끄	뜨	쁘	쓰	쯔
단일	기윽	디읃	시옷	쌍기윽	쌍디읃	쌍비읍	쌍시옷	쌍지읒

🔍 더 읽을거리

- 김진규(1993), 훈몽자회 어휘 연구, 형설출판사.
- 박성훈(2013), 훈몽자회 주해, 태학사.
- 유덕선(2012), 훈몽자회, 홍문관.
- 이기문(1993), 훈몽자회 연구, 서울대 출판부.
- 황문환 외(2016), 천자문, 한국학중앙연구원.
- 황문환 외(2018), 천 개의 글자, 천년의 문화, 한국학중앙연구원.
- 한국학중앙연구원 디지털 장서각(https://jsg.aks.ac.kr/)

6장

사역원과 역관

사역원

사역원

고려 충렬왕 2년(1276)에 통문관(通文館)이라는 이름으로 처음 설치되었다가 후에 사역원으로 개칭되었다.

조선을 건국하면서 태조 2년(1393)에 이를 계승하였으며 갑오경장 전후로 서양식 교육이 한반도에서 시작될 때까지 600여 년의 세월에 걸쳐 유지되었다.

기구의 변천

시대	역학기구	기능
원종 ~ 충렬왕 2년	譯語都監	한어(중국어)
충렬왕 2년	通文館	한어(중국어)
충렬왕 15년	漢語都監	한어(중국어)
충혜왕 원년	吏學都監	이문
공양왕 1년	司譯院	역어 및 이문
공양왕 3년	漢文都監	한어(중국어) 및 역어, 이문
조선 초	司譯院	한어(중국어) 및 외국어

조선시대 사역원의 생도 정원

시대	1428년 (세종 10)	1434년 (세종 16)	1471년 (경국대전)	1720년 (통문관지)
한학	130	70	35	35
별학	13			
몽학	18	15	10	10
왜학	27	15	15	15
여진학(청학)			20	20
합계	188	100	80	80

역관

[명칭] 역어지인(譯語之人)·역어인(譯語人)·역인(譯人)·역학인(譯學人)·역자(譯者)·설인(舌人)·설자(舌者)·상서(象胥) 등으로도 불리었다.

[역할] 역관은 중국과의 사대(事大), 왜·몽골·여진과의 교린(交隣) 등 외교에서 주로 통역의 임무를 담당하였다. 즉 사신과 함께 중국 등에 파견되어 통역의 임무를 수행하였다. 또한 중국 등의 사신이 우리나라를 방문하였을 때 왕 앞에서, 그리고 대신들 사이에서 통역을 맡았다. 외교관계에 있어서 없어서는 안 될 중요한 존재였다. 그래서 조정의 대신들은 역학 또는 역관을 천하게 여기면서도 역어의 임무가 국가의 중대사임을 자주 강조하였다.

[선발] 조선의 초부터 사역원과 승문원을 설치하고 인접 국가의 언어,

특히 중국어에 대한 학습을 장려하였다. 따라서 조선 초기부터 역관 양성을 목적으로 역과가 실시되었다.

역과는 기술관을 뽑기 위한 잡과(雜科) 중의 하나로 한학·몽학·왜학·여진학(청학)의 네 종류가 있었다. 식년시와 증광시에 한학 13명, 몽학·왜학·여진학 각 2명씩을 뽑았으며, 합격자는 1등은 종7품, 2등은 종8품, 3등은 종9품의 품계를 주었다.

[활동] 역관은 정3품 당하관이 승진의 한계였다. 그러나 역관들은 사행을 따라 외국에 자주 드나들면서 밀무역을 부업으로 하여 상당한 부를 축적할 수 있었다. 조선시대의 역관들은 통역뿐만 아니라 무역에 있어서도 상당히 중요한 비중을 차지하고 있었다. 이들은 양반과 상민의 중간에 위치하는 중인 신분으로서 행정 실무와 기술을 전담하고 이를 바탕으로 양반 못지않은 지식과 경제력을 가지고 있었음에도 불구하고, 항상 사회적 차별 대우를 받아왔다. 양반 사회에 대한 불평은 조선 후기에 신분해방 운동으로 전개되었으며, 근대화의 과정에서도 선도적 역할을 수행하였다.

역관

역관 양성

조선 태조 때 한학과 몽학에서 시작하여 세종대에 이르러 왜학, 여진학(청학)을 포함한 4학의 체재를 갖추었다. 지정학적으로 중국과의 관계가 중요했기 때문에 한어(漢語)가 지금의 영어와 같은 제1의 위상을 가지고 있었다. 중국행 사신들의 종사관에 필요한 통역관을 양성하기 위해서 사역원을 운영하였다.

세종 때 이문과 한어 학습에 관심을 두고 〈홍무정운역훈〉이 세조 초기까지 과거 시험에 포함되었다. 청나라 이후에도 한어에 관심을 갖고 역관 양성을 계속 시행하였다. 역학 기관에서 각자의 전공하는 언어와 글자를 학습한다. 회화, 암송, 사자(寫字), 어석(語釋), 문석(文釋), 번역, 작문 등 여러 분야에 대해서 수련을 하였다.

역과의 과거 시험

경국대전에서 강독(문답, 암송), 원문 쓰기, 번역(경국대전) 등 3개 과목을 기준으로 해서 언어별 특성을 고려해서 실시하였다.

사역원의 조직

〈통문관지〉에 의하면 훈상당상(訓上堂上)은 정3품 당상관 이상의 역관, 한학 6명, 몽학 1명, 왜학 3명, 청학 2명 등이다. 교수는 한학 교수로 종6품이다. 훈도는 역과에 급제한 참상관으로 종9품이다. 역학생도는 사역원 학생이고, 예차 생도는 예비 생도이다.

역관의 임무

조선 초기에는 외국인을 접대, 사신 수행을 하였고, 조선 중기 임진왜란, 병자호란 이후에는 국경에서 접촉자를 감시, 교역에서 세금 징수, 외국인과의 접촉으로 일어나는 모든 일을 담당하는 실무 관리를 하였다.

외국어 학습서

외국어	교재	조선시대 명칭
중국어	박통사(朴通事)(여말~선초)	한학(漢學)
	노걸대(老乞大)(여말~선초)	
	노걸대 언해(老乞大諺解) 1670	
	박통사 언해(朴通事諺解) 1515	
몽골어	몽어노걸대(蒙語老乞大) 1790	몽학(蒙學)
	몽어유해(蒙語類解)	
	첩해몽어(捷解蒙語)	

일본어	첩해신어(捷解新語) 1676	왜학(倭學)
	왜어류해(倭語類解)	
여진어	청어노걸대(淸語老乞大)	청학(淸學)
	삼역총해(三譯總解) 1704	

1. 한학

한학을 중심으로 역학을 운영하였다. 중국 사신에 대비해서 황주, 의주, 평양에 역학지도를 두고 생도들에게 한문과 한어를 가르쳤다. 명에 유학을 보내려고 했으나 거절당하였다. 사역원에 관리들을 사신과 함께 가서 통역을 담당하는 사람도 있고, 생도들은 현지에서 중국어를 배워오도록 조치하였다. 조선 후기에는 중국인이 직접 한어를 가르치기도 하였다.

2. 몽학

조선 초기 몽골 글자는 파스파 문자를 가리킨다. 조선 초기까지 몽골과 직접적인 교류는 없었지만 만일의 사태에 대비해서 역관을 교육시켰다. 1394년 사역원 제도 설장수(偰長壽)는 '교수 3명 가운데 1명은 몽골어 가능자'라고 기록하였다. 경국대전에 정원은 10명이지만 1476년 11월에 겨우 3명밖에 없어 지방 향교 생도 가운데 보충하였다. 조선 시대 몽골과 교류가 거의 없었으나 몽학을 유지하였고, 외교 관계보다는 상품 교역에 필요해서 주로 회화에 치중한 교육을 시행하였다.

3. 왜학

조선 초기까지 왜학에 지원자가 없어서 생도가 부족하였다. 경국대전에 사역원 왜학생도 15명, 제포와 부산포에 각 10명, 염포에 6명을 배치하였다는 기록이 있다. 과거를 통해 사역원 왜학 훈도 2명, 부산포와 제포에 왜학 훈도 2명, 제주도 왜통사 1명을 배하고, 임진왜란 이후에 왜학 역관의 지위가 격상되었다.

4. 여진학과 청학

세종 때 설치하여 여진족의 잦은 침입으로 필요성이 생겼다. 1426년 함길도 주민 가운데에 우리말과 여진어에 능통한 3명을 뽑아 사역원에 소속시켰다. 여진학 생도는 사역원 20명, 북청 10명, 의주 외 접경 지역에 30명 등 많은 인원을 배치하였고, 주로 북방 지역에서 여진어를 교육하고 통역을 담당하였다. 여진어·여진 문자 학습에서 만주어·만주 문자의 학습으로 전환되어 1667년 청학으로 명칭을 변경하였다.

역관과 역학관, 생도

1. 역관

외국어에 능하여 통사 등의 직함으로 거의 일생을 외국을 왕래한 자로 역과 출신 또는 취재와 같은 특별 등용으로 역학에 종사하고 자주 천시와 천대를 받았다.

2. 역학관

외국어에 능하고 외국에는 별로 가지 않고 학문적 업적을 남긴 자로 한학 강이관이나 습독, 질정관 출신으로 문과 출신자이다. 평소에는 훈도로서 생도를 교육하고, 사신을 수행하여 통사 업무를 맡았다.

3. 생도

조선 전기에는 외국어를 학습하고자 하는 생도가 드물었다. 3년마다 시험을 실시하고, 생도가 아니더라도 사서, 소학, 이문과 한어, 몽고어를 할 수 있는 7품 이하의 관리도 시험에 응시하였다. 3년 간의 생도 생활 중에 한어와 몽골어를 습득하지 못하는 경우에는 군대에 보낸다.

노걸대(老乞大)

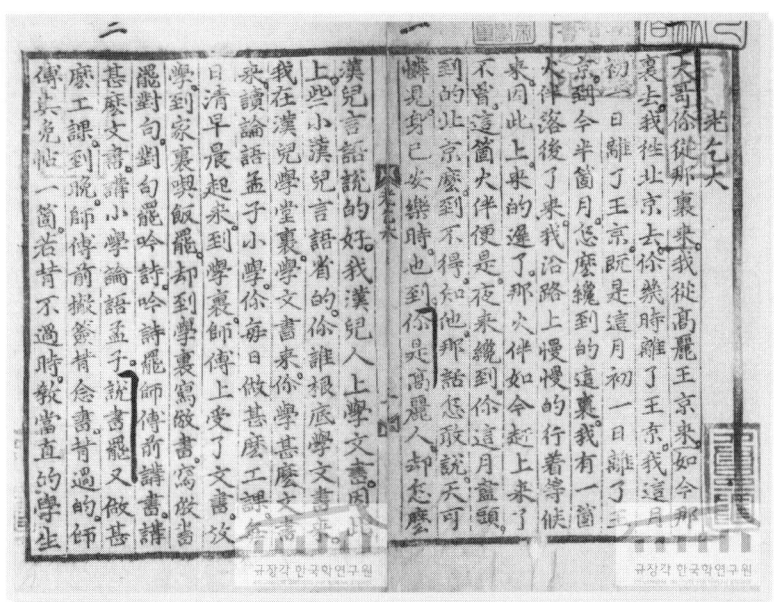

출처: 서울대학교 규장각한국학연구원

〈노걸대(老乞大)〉는 중국으로 물건을 팔러 가는 고려 상인(商人)이 도중에 중국 상인을 만나서 동행하면서 여행에서 주고받은 이야기 즉, 여정(旅程), 매매(買賣), 계약, 의약, 숙박, 식음, 연회 등에 관한 대화를 내용으로 한다.

박통사언해(朴通事諺解)

출처: 서울대학교 규장각한국학연구원

〈박통사언해(朴通事諺解)〉는 중국의 세시(歲時), 오락, 기사(騎射), 혼상(婚喪), 종교 등에 관한 비교적 고급 회화를 중심으로 하였다면 〈노걸대〉는 상고(商賈)의 실용 회화를 대상으로 하였다고 볼 수 있다.

노걸대언해(老乞大諺解)

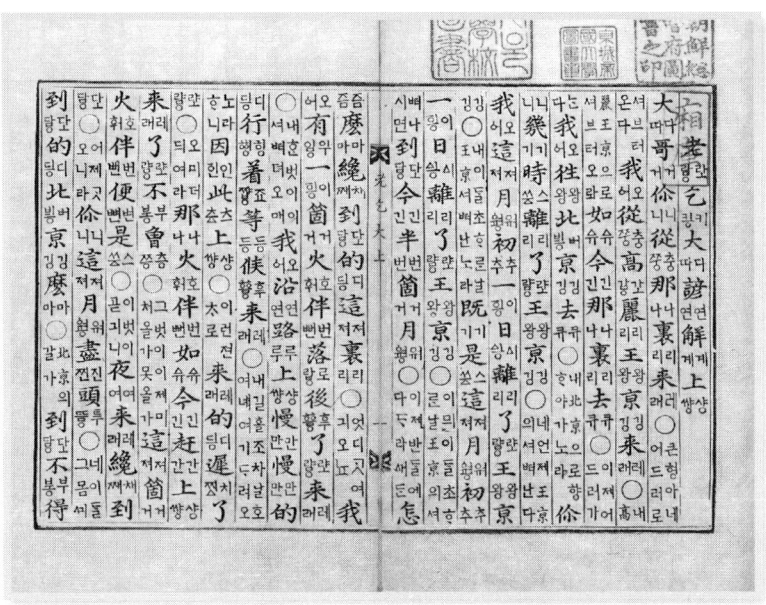

출처: 서울대학교 규장각한국학연구원

1670년(현종 11) 사역원에서 〈노걸대〉의 원문에 한글로 중국어의 독음을 달고 언해한 중국어 학습서이다. 이전 최세진(崔世珍)의 〈번역노걸대〉를 참고하여 체재 및 본문의 분절, 중국음의 정음과 속음 표기 등이 그와 일치하지만, 한편으로는 〈번역노걸대〉의 잘못을 바로잡고 새로이 번역하였고 2권 2책이다.

몽어노걸대(蒙語老乞大)

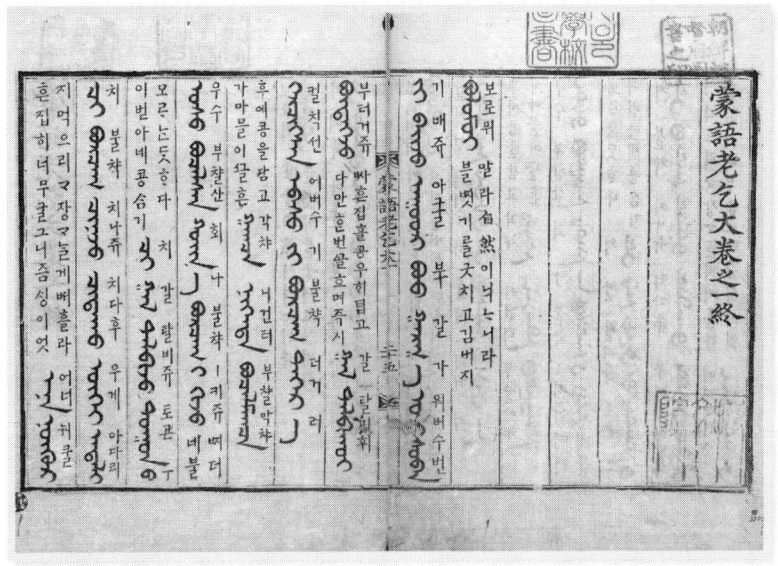

출처: 서울대학교 규장각한국학연구원

역관(譯官)들의 학습 및 역과시용(譯科試用)으로 간행된 몽골어 회화책으로 8권 8책 목판본이다. 각 면마다 7행으로 각 행에는 왼편에 위구르(Uighur) 몽문자(蒙文字)로 몽골어 문장이 쓰여 있고, 오른편에 한글로 발음이 표시되어 있다. 각 문장 혹은 각 절의 아래에는 국어 역문(譯文)이 붙어 있다. 조선 전기간에 걸쳐 간행된 각종 언해본 역학서(諺解本譯學書)의 전형적인 체재를 보여주고 있다.

첩해신어(捷解新語)

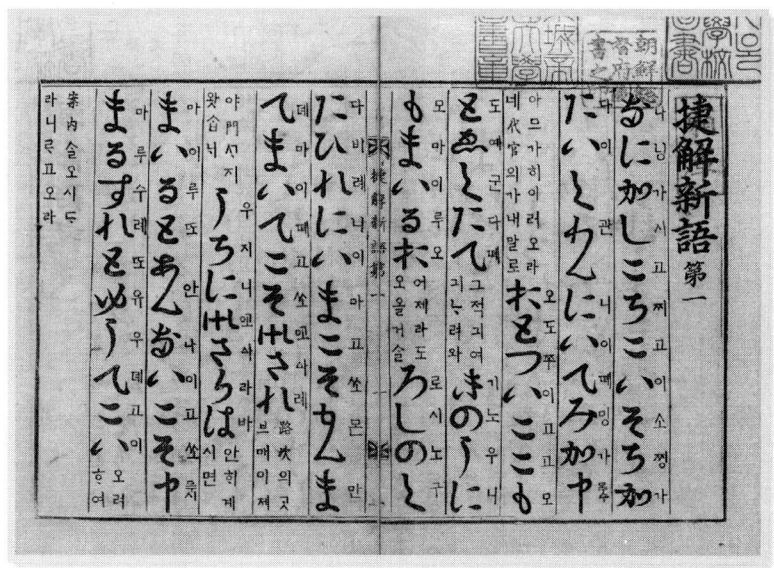

출처: 서울대학교 규장각한국학연구원

조선 중기의 사역원 역관 강우성(康遇聖)이 일본어 학습을 위하여 편찬한 책으로 권1~권4와 권9의 전반부는 일본인의 내왕과 접대, 무역할 때 사용되는 회화를 문답체로 구성하고, 권5~권8은 통신사의 일행이 부산포를 떠나 대마도·대판을 거쳐 에도(江戶)를 다녀오는 동안에 일어난 일을 대화체로 구성하고 권9의 후반부에는 당시 일본의 8주(州)의 이름과 그에 속한 66군의 수효를 적었다. 권10은 당시 대왜 관계에 쓰이던 각종 공문서나 서간문 서식을 예로 실었다. 1676년 〈첩해신어(捷解新語)〉 원간본부터 1796년 〈첩해신어문석〉까지 100여 년 동안 다양한 이본이 있다.

삼역총해(三譯總解)

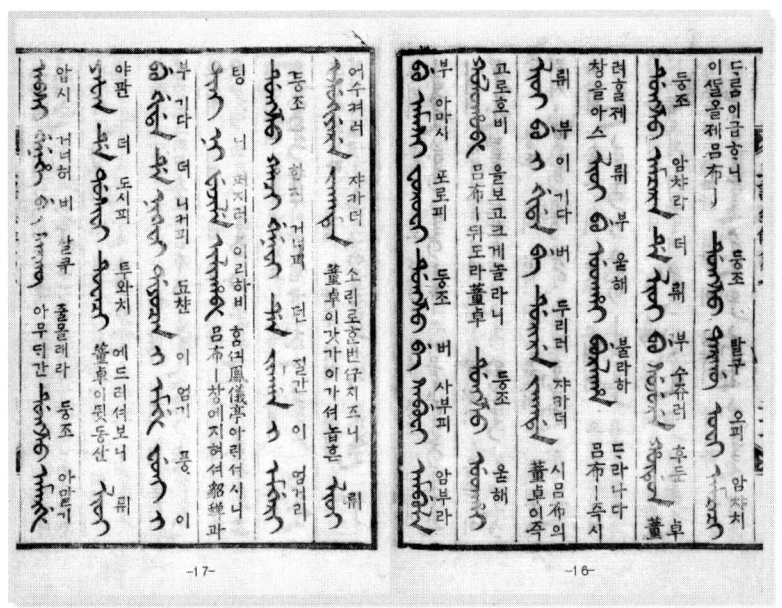

출처: 서울대학교 규장각한국학연구원

사역원에서 청어 학습 및 청학과시용으로 1774년에 간행한 청어학습서로 초간본은 전하지 않고 〈중간삼역총해(重刊三譯總解)〉만 현존한다. 〈중간삼역총해〉는 검찰관 김진하(金振夏)·고사언(高師彦)이 초간본을 수정하고 서사관 장재성이 썼다. 만주어로 된 〈삼국지〉 가운데 10회분을 가려 뽑아 만주어음을 한글로 전사하고, 번역을 추가하였다. 〈삼역총해(三譯總解)〉의 저본은 1650년에 24권으로 인쇄 출판된 청나라 기충격(祁充格) 번역한 만주어판 〈삼국지〉로 추정된다.

〈노걸대언해〉 일부분

A: 너는 高麗ㅅ 사룸이어니 쏘 엇디 漢語 니룸을 잘 ᄒᆞᄂᆞ뇨
B: 내 漢ㅅ 사룸의손ᄃᆡ 글 ᄇᆡ호니 이런 젼ᄎᆞ로 져기 漢ㅅ 말을 아노라
A: 네 뉘손ᄃᆡ 글 ᄇᆡ혼다
B: 내 漢혹당의셔 글 ᄇᆡ호라
A: 네 므슴 글을 ᄇᆡ혼다
B: 論語 孟子 小學을 닐그롸
A: 네 每日 므슴 공부ᄒᆞᄂᆞ다
B: 每日 이른 새배 니러 學堂의 가 스승님쯰 글 ᄇᆡ호고 學堂의셔 노하든 집의 와 밥먹기 ᄆᆞ초 쏘 혹당의 가 셔품쓰기 ᄒᆞ고 셔품쓰기 ᄆᆞ초 년구ᄒᆞ기 ᄒᆞ고 년구ᄒᆞ기 ᄆᆞ초 글읊기 ᄒᆞ고 글읊기 ᄆᆞ초 스승 앏픠셔 글을 강ᄒᆞ노라
A: 므슴 글을 강ᄒᆞᄂᆞ뇨
B: 小學 論語 孟子을 강ᄒᆞ노라

A: 너는 고려 사람인데 또 어떻게 중국말을 잘 하는가?
B: 내가 중국 사람에게 글을 배웠으니 이런 까닭으로 조금 중국말을 안다.
A: 너 누구에게 글을 배우는가?
B: 내 중국학당에서 글 배운다.
A: 너 무슨 글을 배우냐?
B: 논어, 맹자, 소학을 읽는다.
A: 매일 무슨 공부하느냐?
B: 매일 이른 새벽에 일어나 학당에 가서 스승님께 글을 배우고, 방과 후면 집에 와서 밥 먹기를 마치고, 또 학당에 가서 글씨 쓰기를 하고,

> 글씨 쓰기를 마치고는 연구하기 하고, 연구하기 마치고는 글 외우기를 하고, 글 외우기를 마치고는 스승님 앞에서 글을 읽는다.
> A: 무슨 글을 강하는가?
> B: 소학, 논어, 맹자를 강하노라.

더 읽을거리

- 이상각(2011), 조선역관열전, 서해문집.
- 이한우(2013), 조선을 통하다, 21세기북스.
- 이현주(2017), 역관상언등록 연구, 글항아리.
- 정광 외(2006), 역학서와 국어사 연구, 태학사.
- 정광(1998), 사역원 역학서 책판 연구, 고려대 출판부.
- 정광(2014), 조선시대의 외국어 교육, 김영사.
- 정광(2017), 역학서의 세계, 박문사.

7장

영어의 조선 상륙

아학편

|〈아학편〉/ 정약용

조선 후기 실학자 정약용이 아동의 한자 학습을 위하여 저술한 한자 학습서로 상하권으로 각각 1,000자의 문자를 수록하여 총 2,000자로 이루어져 있다. 당시 〈천자문〉이 체계적인 글자의 배열과 초학자를 배려한 학습의 단계성이나 난이도를 무시하고 있음을 지적하고, 이러한 내용 및 체계상의 결점을 극복하고자 이 책을 찬술하게 되었음을 밝히고 있다. 상권에는 구체적인 명사나 자연계·자연현상·실제적 현상에 부합하는 유형적인 개념을 담았고, 하권에는 추상명사·대명사·형용사·동사 및 계절·기구·방위개념 등의 무형적인 개념을 수록하였다.

〈아학편〉 / 지석영

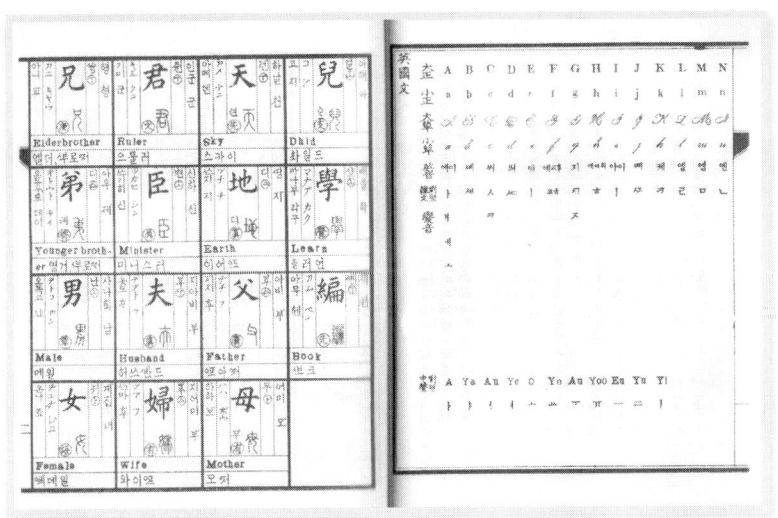

지석영은 조선 말기의 문신이자 한의사, 국문학자이며 특히 종두법의 하나인 우두법 보급에 큰 공헌을 하였다. 지석영은 1908년 다산의 〈아학편〉에 주석을 달고 한국어, 중국어, 영어, 일본어를 대조한 책으로 재출간했다. 한자 한 글자를 제시하고 우리말 발음, 중국어 발음, 일본어 발음, 영어 발음을 함께 적어 한자는 물론 다른 외국어도 학습할 수 있도록 만든 교재이다. 1908년에는 국문연구소 위원이 되었으며 1909년에는 한자를 국어로 풀이한 〈자전석요〉를 간행하여 한자 해석의 새로운 방법을 개발하기도 하였다.

하날 천

天

(중) 텐

(일) アメ テソ [아메 덴]

(영) SKY [스카이]

〈아학편〉 민병석 서문

내가 일찍이 저 주흥사(周興嗣)가 지은 〈천자문〉은 원래 어린 아이들을 가르치기 위하여 지은 것이 아닌데도, 우리나라에 들어와서 몽학(蒙學)이 처음 읽는 책이 되었으니, 이는 누가 주장한 것인가! 서거정(徐居正)의 〈유합〉과 최세진(崔世珍)의 〈훈몽자회〉 같은 책은 참으로 주씨(주흥사)의 천자(천자문)보다 나은데도 이를 버리고 저것을 취한 것은 무엇 때문인가? 다산 정씨(정약용)의 〈아학편(兒學編)〉 2천자에 이르러서는 그 어린 아이들을 가르치는 요점이 저것에 비하여 몇 가지가 되니, 다만 양옥(아름다운 옥)이 무부(옥과 비슷한 돌)에게서와 같은데도 오래도록 세상 사람들이 보배롭게 여기지 않게 된 것은 무엇 때문인가.

대저 문자를 가르치는 것은 사람의 지혜를 개발하려는 것인데, 저 동자가 주(宙)자를 '집[屋]'이라 읽고 숙(宿)자를 '잘[睡]'이라 읽는 것을 보니, 몽롱하게 얼버무려 그 뜻을 터득하지 못하니, 그가 싫은 뜻이 저절로 생겨 책을 덮고 달아나려고 하는 것이 마땅할 뿐이다.

> 書皆斟酌今古實事求是嘉惠于人良
> 不淺歟延與田君龍圭取此二千字精
> 寫一通並以國文及漢日英文釋其音
> 義且附以古篆字則凡東西古今之文
> 略僃於此其資蒙學之初讀固屬緊要
> 而宿儒碩學亦不能廢者斯豈非天下
> 之至寳哉間就于余圖所以印行于丗
> 者余躍然色喜爲之樂助其役嗚呼蒙
> 養有方其敎易入而人智漸開矣是書
> 之爲開進文明之最先指南者不其的
> 乎乃略叙其顚末告我同胞云
> 光武十年一月六日驪興閔丙奭序

아, 우리나라 사람들이 이에 따라 행하여 수백 년 동안 그 과실을 깨달아 바로잡지 못했다. 나의 벗인 송촌(松村) 지석영 군이 항상 백성들을 인도하여 세상을 깨우치는 것을 평생의 임무로 삼았다. 그가 편집(藥)한 여러 서적은 모두 고금(古今)을 짐작(斟酌)하고 실제 사실에서 옳은 바를 구하여 사람들에게 아름다운 은혜를 베푼 것이 진실로 적지 않았다. 이에 전용규(田龍圭)군과 이 2천자를 취하여 한 통을 정사(精寫)하고 국문 및 한일과 영문을 아울러 그 의의를 풀이하고, 또 고전자(古篆字)를 부쳤으니 모든 동서고금의 문자가 여기에 대략 갖추어졌다. 그러므로 몽학(蒙學)이 처음 글자를 배울 무렵에 도움되는 것이 참으로 긴요하고, 숙유(宿儒)와 석학도 그만두지 못할 것이니 이 어찌 천하에 지극한 보배가 아니겠는가.

요사이 나에게 와서 세상에 출판할 것을 도모하기에 내가 뛸 듯 신이 나고 안색이 기뻐서 그 일을 즐겁게 도와주었다.

아, 몽매한 이를 기르는 데에는 방도가 있어야 그 가르침이 쉽게 들어가서 사람의 지혜가 점차 열릴 것이다. 이 책은 문명을 개진(開

進)하는 가장 우선한 지침이 될 것이 그 확실하지 않겠는가. 이에 대략 그 전말을 적어 우리 동포들에게 고하노라.

광무(光武) 10년(1906) 1월 6일 여흥(驪興) 민병석(閔丙奭) 서문을 지음.

〈아학편〉 지석영 서문

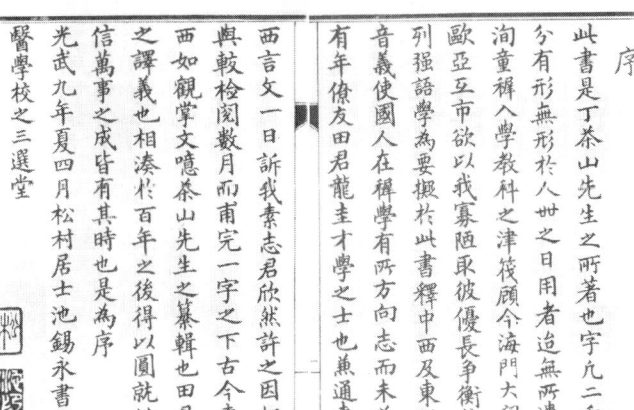

이 책은 정다산 선생이 지은 것이다. 글자는 모두 2천인데 유형과 무형으로 구분하고 인간 세상에 날마다 사용하는 것은 거의 빠트리지 않았으니, 참으로 어린아이가 학문에 들어가는 교과의 뗏목[津筏]이다. 돌아보면 지금 해문(海門)이 크게 열려 서구와 아세아가 교역하여 우리의 적고 비루함으로 저들의 우수하고 뛰어난 점을 취하여 열강과 겨루려면 어학이 필요하다.

이 책에 견주어 중서(中西)와 동양 음의(音義)를 풀이하면 우리나라 사람들로 하여금 어린아이들이 배우는 데에 있어서 방향이 있게 되었다. 뜻을 두었으나 이루지 못한 것이 몇 년이 지났다. 요우(僚友) 전용규 군은 재주 높고 학문 깊은 선비이다. 겸하여 동서의 언문을 통했는데, 하루는 내가 평소 뜻을 호소하니 군이 흔연히 허락하였다. 인하여 서로 교정하고 검열하여 겨우 몇 개월 만에 완성하니, 한 글자 아래 고금과 동서가 손바닥에 글을 보는 것과 같게 되었다.

아, 다산 선생의 찬집(纂輯)과 전 군의 역의(譯義)가 서로 1백년 뒤에 모여 원만하게 성취되었으니, 비로소 모든 일이 이루어지는 것에 모두 시기(時機)가 있다는 것을 믿겠다. 이에 서문을 적는다.

광무 9년(1905) 여름 4월에 송촌거사(松村居士) 지석영은 의학교의 삼선당에서 씀.

대한국문

대한국문(大韓國文)

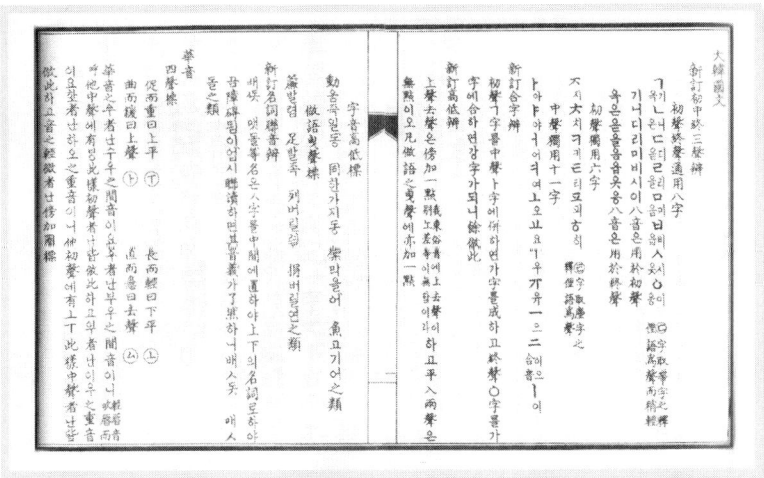

[新訂國文初中終三聲辨] 새로 교정한 초성, 중성, 종성 삼성에 대한 변론

초성(初聲)과 종성(終聲)으로 통용(通用)하는 8자

ㄱㄴㄷㄹㅁㅂㅅㅇ

ⓒ(字)는 띨 대(帶)자의 훈석(訓釋)을 취하여 이어(속된말)로 발성(後聲)하는데 조금 가볍다.

기니디리미비시이 이상 여덟 자음(八音)은 초성(初聲)에 사용하고, 윽은은을음읍웃응 이상 여덟 글자는 종성(終聲)에 사용한다.

초성(初聲) 단독으로 사용하는 6자(六字)

ㅈ지ㅊ치ㅋ키ㅌ티ㅍ피ㅎ히

ⓔ자는 티끌 진(塵)자의 훈석을 취하여 이어로 발성한다.

중성(中聲) 단독으로 사용하는 11자

ㅏ아ㅑ야ㅓ어ㅕ여ㅗ오ㅛ요ㅜ우ㅠ유ㅡ으ㅣ이를 합한 음 ㅣ이

[新訂合字辨] 새로 교정한 합자(合字)에 대한 변론
초성(初聲) ㄱ자를 중성(中聲) ㅏ자에 병합(倂合)하면 가지를 이루고 ㅇ자를 가자에 병합하면 강자가 되니 나머지도 이와 같다.

[新訂高低辨] 새로 교정한 고저(高低)에 대한 변론
상성(上聲)과 거성(去聲)은 곁에 한 점[一點]을 (우리나라 속음(俗音)에 상성 기성이 별로 차등이 없다) 더하고 평성과 입성 두 성조는 점이 없고, 모든 말을 만드는 끄는 소리[曳聲]에 또한 한 점을 더한다.

자음고저표(字音高低標)
動움직일 동 同한가지 동 御막을 어 魚고기 어 등의 부류(部類)

[做語曳聲標] 말을 할 때 소리를 끄는 표
簾발 렴 足발 족 列벌릴 렬 捐버릴 연 등의 부류

[新訂名詞聯音辨] 새로 교정한 명사의 연음에 관한 변론
배쏫 맷돌 등의 명사(名詞)에는 ㅅ자(字)를 중간(中間)에 두어 위와 아래의 명사로 하여금 장애(障碍)됨이 없이 이어서 읽으면 그 음과 뜻[音義]이 또렷하니 배ㅅ돗 매ㅅ돌 등의 부류이다.

화음(華音 중국음)

사성표(四聖標)
빠르고 무거운 소리는 상평(上平)이라 하고 ㅜ
길고 가벼운 소리는 하평(下平)이라 하며 ㅗ
휘고 느긋한 소리는 상성(上聲)이라 하고 ㅏ
곧고 급한 소리는 거성(去聲)이라 한다. △

화음(華音) 가운데 수라는 것은 수와 우의 중간 소리이고, 부라는 것은 부와 우의 중간 소리이니, 경순음(輕脣音)은 입술을 불어 소리낸다[輕脣音 吹脣而呼] 다른 중성(中聲)에 ㅱ이 있으니, 이런 모양의 초성(初聲)은 모두 이와 비슷하고, 이라는 것은 이와 우의 중음(重音)이요, 핟라는 것은 하와 오의 중음(핟)이니, 다른 초성(初聲)에 ㅗ와 ㅜ가 있는데 이런 모양의 중성(中聲)은 모두 이와 비슷하고, 음(音)이 가볍고 작은[輕微] 것은 곁에 권표(圈標)를 더한다.

英國文
일(一), 영국 발음[英音]을 국문(國文)으로 표현하기 곤란한 자(字)는 곁에 권표(圈標)를 더했으니, ᅄᅢ 등의 부류(部類)이다.
일(一), 영어 글자(英子) 사이에 가로 획[橫劃]을 더하여 쓴 것은 위아래 구절(句節)의 접속(接續)과 연결하여 쓴다[連書]는 표시(標示)이다.
일(一), 영어 글자(英子)를 국문(國文)으로 번역(飜譯)한 가운데, 특히 세소(細小)한 글자는 해당 음가(音價)를 있으면서 없는 듯[有若無] 소리를 내라는[做聲] 표시(標示)이다.

더 읽을거리

- 지석영·전용규(2018), 조선시대 영어교재 아학편, 베리북.
- 한성우(2010), 근대 이행기 동아시아의 언어 지식, 인하대 출판부.
- 박석무(2014), 다산 정약용 평전, 민음사.

8장

겨레말 큰사전과 문화어

겨레말 큰사전

▎겨레말 큰사전 소개(https://www.gyeoremal.or.kr/)

〈겨레말큰사전〉은 민족의 언어유산을 집대성하고 남북의 언어 통일을 준비하기 위해 남과 북이 공동으로 편찬하는 최초의 우리말 사전입니다. 〈겨레말큰사전〉 편찬사업은 남과 북으로 갈라진 겨레말은 물론 해외 지역에 흩어져 있는 겨레말을 한데 모으고, 남북이 사전 편찬 역량을 총체적으로 집약하여 함께 추진하는 범국가적 사업입니다.

〈겨레말큰사전〉에 대하여 '겨레말큰사전 공동편찬요강(2005.07.)'에서는 "사전 편찬에서 제기되는 여러 가지 문제들을 남과 북이 공동으로 합의 해결한 통일 지향적 사전이다"라고 밝혔습니다. 또한 "완성된 원고는 남과 북의 합의 아래에서만 출판할 수 있으며 합의된 원고는 표현 하나도 자의로 고칠 수 없다."라고 했습니다. 이는 〈겨레말큰사전〉 편찬의 모든 과정이 남북의 공동 작업과 공동 심의, 합의에 의해 이루어지며 남북 언어의 통합을 지향하고 있음을 뜻합니다.

〈겨레말큰사전〉편찬은 남측 편찬위원회와 북측 편찬위원회로 구성된 '남북공동편찬위원회'의 심의와 합의에 의해서 이루어집니다. 남북공동편찬위원회 외에 남북 각 측에는 사전 편찬 실무를 담당하는 사전편찬실이 있어 사전의 올림말 선정, 새어휘 채집·선정, 원고 집필 및 상대 측 집필 원고 교차 검토, 사전 편찬에 필요한 각종 집필 프로그램 개발, 〈겨레말큰사전〉에만 적용하기 위한 남북 공동 어문규정 편람 작성 등의 사전 편찬 실무를 진행합니다. 사전 편찬 실무 과정에서 나타나는 여러 가지 논읫거리들은 '올림말분과', '집필분과', '새어휘분과', '정보화분과', '종합분과' 등 분과별 남북공동회의 논제로 정리합니다. 정리된 논제들은 남북공동회의를 통해 남북 합의안이나 공동 작업 지침 등으로 작성되며 남북의 사전편찬실에서는 이에 따라 일련의 사전 편찬 작업을 진행합니다.

한편, 남북의 합의 사항을 토대로 〈겨레말큰사전〉에 수록할 원고를 남과 북이 공동으로 분담하여 집필합니다. 그리고 남북 각 측에서 집필한 원고는 남북이 서로 교환하여 검토한 뒤에 그중 재논의나 보완이 필요하다고 판단한 원고는 남북의 편찬위원과 편찬원이 함께하는 남북공동회의를 통해 수정, 보완되어 최종 합의 원고로 만들어집니다. 이렇게 만들어진 합의 원고는 교열·교정 작업과 교정쇄 제작 및 적자 대조 작업 등을 거쳐 종이사전에 실리게 됩니다.

공동편찬 요강

1. 사전의 성격

1) 〈겨레말큰사전〉은 우리 겨레가 오랜 기간에 걸쳐 창조하고 발전시켜 온 민족어 유산을 조사·발굴하여 총 집대성한 사전이다.
2) 〈겨레말큰사전〉은 사전 편찬에서 제기되는 여러 가지 문제들을 남과 북이 공동으로 합의·해결한 통일 지향적인 사전이다.
3) 〈겨레말큰사전〉은 수집한 어휘 자료 가운데서 남과 북이 공통으로 쓰는 것은 우선 올리고 차이 나는 것은 남과 북이 있는 힘껏

합의하여 단일화한 약 30만 개의 올림말을 가진 대사전이다.

4) 〈겨레말큰사전〉은 정보화 시대의 요구에 맞게 전자사전을 동시에 발행할 수 있도록 여러 가지 언어 정보를 주는 현대 사전이다.

2. 사전의 편찬 원칙

1) 6.15 '남북공동선언'정신에 맞게 민족 공조의 원칙에서 모든 문제를 풀어나간다.

2) 남과 북의 언어적 차이를 한꺼번에 다 없앨 수 없는 조건에서 단계를 설정해 놓고 하나하나 해결해 나가는 방법으로 사전을 완성하되 이를 지속적으로 보충하도록 한다.

3) 남과 북의 언어적 차이를 줄이며 우리말의 민족적 특성을 높이 발양시키는 방향에서 사전을 편찬하기 위하여 부문별 작업 요강 3~5개를 만들어 사전 편찬 작업의 공통된 지침서로 삼는다. 작업 요강은 '원고 집필 요강', '언어 규범 단일화 요강', '어휘 조사 요강', '남북 국어사전 비교 요강', '사전 자료 정보화 요강' 등이다.

3. 사전의 올림말과 뜻풀이

1) 사전의 올림말

① 20세기로부터 오늘에 이르기까지 우리 민족이 쓰고 있거나 썼던 말 중에서 올림말로 올릴 가치가 있는 어휘를 수록한다.

② 기존 사전 〈조선말대사전〉과 〈표준국어대사전〉에 있는 올림말에서 〈겨레말큰사전〉에 올릴 어휘를 우선 합의·확정한다.
③ 방언, 민속 어휘, 동식물 이명, 직업 어휘, 문학 작품에서 뽑은 말, 새말 등 광범한 분야의 문헌 자료와 생산 현장에서 어휘 조사 사업을 진행하여 민족 고유의 어휘 표현을 많이 올리도록 한다.
④ 현시대 과학 기술 발전의 요구에 맞게 전문 용어를 어느 정도 올리되 일상생활에서 널리 쓰이는 말을 영역별로 선별한다.

2) 사전의 뜻풀이

① 언어학적인 뜻풀이 방식을 기본으로 하며 전문 용어를 비롯한 일부 올림말에 대해서는 백과사전적인 뜻풀이 방식을 적용한다.
② 뜻풀이 문장 구성에서는 어떤 격식에 얽매이지 않으며 보다 친절하고 알기 쉬운 방식으로 서술하도록 한다.
③ 될 수 있는 한 단어의 밑뜻이나 어원 및 유래를 밝히기 위하여 노력한다.
④ 올림말에서 발음, 원어, 문법 정보, 뜻풀이, 용례, 관련어 등의 폭넓은 정보를 주되 남과 북이 합의하여 처리한다.

4. 작업 방식과 사전의 완성 형식

1) 남과 북의 공동 편찬 위원회는 각기 자기 산하에 3-5개의 작업조를 구성하여 사전 편찬 사업을 밀고 나간다.
2) 공동 편찬 위원회는 사전 편찬 요강과 작업 요강들의 심의, 사전 초고 심사 검토, 사전 편찬과 관련한 국제 토론회 조직, 매개 작

업조에서 제기된 학술적인 문제들을 심의·결정하며, 작업조에서는 작업 요강 작성과 자료 조사, 초고 집필 등 사전 편찬 작업을 직접 집행한다.

3) 남은 〈표준국어대사전〉, 북은 〈조선말대사전〉을 모체로 제각기 올림말 선정과 뜻풀이 작업, 새말 보충 작업을 진행한다.

4) 언어 규범의 남북 단일화 문제와 사전 원고 집필에서 생기는 언어학적인 문제는 양측 부문별 작업조(언어 규범 단일화조, 원고 집필조)들이 편찬 위원회 모임과는 따로 지속적인 협의를 거쳐 완성하는 방법으로 진행할 수 있다.

5) 남과 북에서 제각기 만든 〈겨레말큰사전〉의 원고를 합쳐 완성할 때에는 몇 개 부분으로 나누어 집중적으로 진행하며 단계적으로 편찬 위원회의 심사를 받아 편집·완성한다.

6) 완성된 원고는 남과 북의 합의 아래에서만 출판할 수 있으며 합의된 원고는 표현 하나도 자의로 고칠 수 없다.

2005년 2월 20일
〈겨레말큰사전〉 공동편찬위원회 평양

문화어

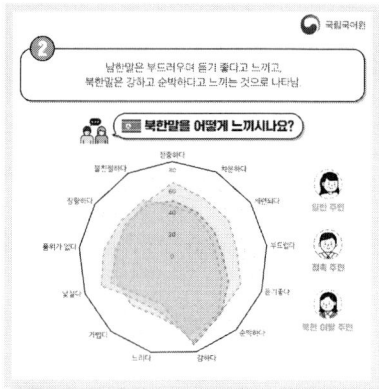
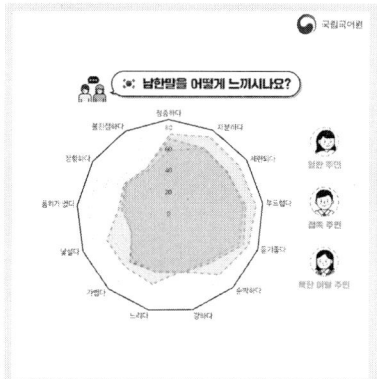
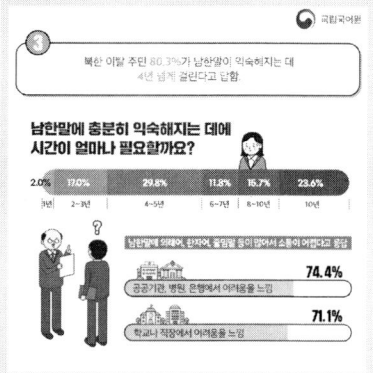
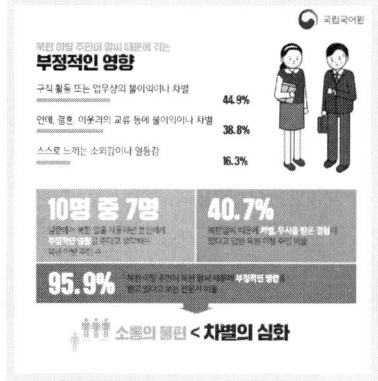
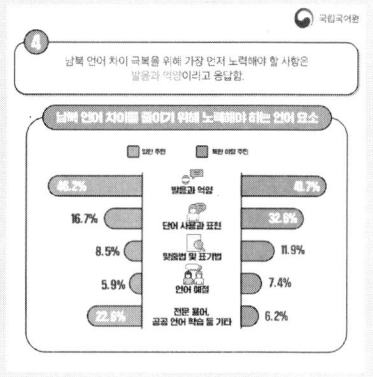

남북한 언어의 이질화

해방을 맞으면서 나라가 반으로 갈라져 반세기가 넘는 세월이 지남에 따라 남한과 북한의 언어는 적지 않은 차이를 보이게 되었다. 남·북한 간의 언어 차이는 남·북한 간의 언어관과 언어정책, 그리고 국가 체제의 차이 등으로 인해 생긴 필연적인 결과라고 할 수 있다.

언어의 차이는 음운, 문법, 어휘 등 여러 부분에서 나타날 수 있지만, 특히 어휘에서 가장 잘 나타난다. 같은 언어를 쓰던 사람들이 오랜 세월 동안 떨어져 살게 되면 어휘가 가장 먼저 달라지기 때문이다. 남한과 북한은 각자의 규범을 만들어 사용하기 때문에 규범에 의한 차이도 나타난다. 외래어와 어려운 한자어를 고유어로 바꾸어 표준어로 삼는 북한의 말다듬기는 남북의 언어를 더욱 달라지게 한 요인이 되었다.

표준어와 문화어

남한의 표준어는 1933년 12월 29일(당시의 한글날)에 발표된 조선어학회의 〈한글마춤법통일안〉과 1936년의 사정한 조선어 표준말 모음을 바탕으로 만들어졌다. 현재 쓰이고 있는 것은 1988년에 문교부(현재 교육부)가 〈표준어 규정〉으로 고시한 것으로, 1989년 3월부터 시행되었다.

북한의 문화어는 정치·사회적인 이념의 변화에 따라 만들어낸 것이다. 1966년의 김일성의 5·14교시 '조선어의 민족적특성을 옳게 살려나갈데 대하여'에서 김일성은 '혁명의 수도이며 요람지인 평양을 중심지로 하고, 평양말을 기준으로 하여 언어의 민족적 특성을 보존하고 발전시켜 나가도록 하여야 할 것'이라고 말하면서 표준어는 서울말을 표준하는 것으로 이해할 수 있으므로 '문화어'라는 이름으로 고쳐 쓰도록 지시하였다.

북한어의 발음

문화어는 평양을 중심지로 하고 방언에서도 많은 말을 살려서 사용한다고 규정하고 있어서 오늘날의 남한말과는 발음 면에서 차이가 나타난다. 북한어에서는 모음 'ㅓ' 소리가 표준어 'ㅗ'에 가깝게 발음된다. '걱정없다'가 [곡종옵다]에 가깝게 발음되는 것이다.

문화어는 'ㅣ' 모음 역행동화한 말과 전설모음화한 말을 인정하는 경향이 강하다.

> ① 'ㅣ' 모음 역행동화: 건더기 → 건데기, 구덩이→ 구뎅이.
> ② 전설모음화: 수줍다 → 수집다, 부수다 → 부시다.

남한의 표준어와 가장 큰 차이를 보이는 것은 두음법칙의 적용에 관한 것이다. 즉 표준어에서는 두음법칙이 적용되지만, 북한의 문화어에서는 두음법칙이 적용되지 않는다. 문화어에서는 '로동(勞動), 로인(老人), 녀자(女子), 념원(念願)'으로 적고 발음도 그렇게 하는 것이다.

북한 말에서는 리듬의 단위가 짧아서 하나의 발화 또는 문장이 여러 개의 토막으로 나뉘어 발음되는 경향이 있다. 남한에서는 이어서 발음할 문장을 북한에서는 여러 부분으로 짧게 나누어 분명하게 발음하는 경향이 있는 것이다.

짧게 나타나는 리듬 단위가 높은 데서 낮은 데로 떨어지는 '높내림조'의 억양을 수반하여 전투적이고 선동적인 효과를 내려고 한다.

북한어의 어휘

1. 남북한의 어휘가 서로 달라진 이유

① 서로 다른 지역어를 중심으로 규범어를 정함.
② 북한에서 어휘 정리를 하면서 수많은 방언(사투리)을 문화어로 올림.
③ 맞춤법이나 표준어 규정, 외래어 표기법 등 규범이 다름.
④ 서로 다른 체제(자본주의와 공산주의) 때문에 정치·경제·문화가 달라져 새로운 말이 많이 생김.

2. 형태가 다른 말들

1 방언

북한의 문화어 가운데 방언에서 골라 새롭게 문화어로 올린 것들이 있는데, 남한에서는 전혀 쓰지 않는 단어들이다.

갑자르다(말을 하기 거북하여 주저하다)
강구다(귀를 기울이다)
뚝쟁이(무뚝뚝한 사람을 낮잡아 이르는 말)
마사지다(부서지다, 부서지거나 깨져서 못 쓰게 되다)
바라다니다(마구 돌아다니다)
방치돌(다듬잇돌)

살밭다(가족이나 친척 관계가 매우 가깝다)
세관다(성질이나 기세가 세고 괄다): '일을 세게 하다', '손을 세게 잡다'
연송(연방)
왼심(혼자 속으로 안타깝게 애쓰며 마음을 졸임)
인차(곧, 이내)
점도록(시간이 꽤 지나도록 또는 늦게까지, 오래오래)
한벌(일정한 범위의 공간에 사람이나 물건 등이 쭉 늘려 있는 모양)
한본새(처음과 끝이 같은 모양)
허거프다(허전하고 어이없다)
허양(거침없이 그냥, 맥없이 그냥)

남북한에서 차이를 보이는 단어

게사니 – 거위	여가리 – 언저리 – 가장자리
숙보다 – 업신여기다	강보리밥 – 꽁보리밥
터지게 – 대단히	남새 – 채소
까박 – 트집	마룩 – 국물
자짠지 – 장아찌	가다 – 가깝다
부루 – 상추	

북한에서 쓰이는 특이한 부사(어)

무중(갑자기 뜻밖에)
걸씨(대수롭지 않게 여기어 소홀한 태도로): 걸씨 대하다
주런이(줄을 지어 가지런히)
지써(끈기 있고 참을성 있게 줄곧): 지써 앉아 있다
자기절로(자기 스스로, 자기 혼자서 스스로): 자기절로 찾아오다

2 다듬은 말

북한에서 말다듬기 사업을 하여 새로 만든 어휘들은 대부분 남한 사람들에게 매우 낯설다.

북한의 말다듬기는 한자어와 외래어를 되도록이면 고유어로 바꾸자는 것이다. 그러나 '방', '학교', '과학기술', '삼각형'처럼 아주 굳어져 버린 한자어(수염, 비단, 약, 양말, 회의, 사업, 압력, 공업)나 '피아노, 필름, 텔레비전, 로켓, 프로그램'처럼 세계적으로 널리 쓰이는 외래어는 고치지 않고 그대로 두었다.

큰물(홍수)	잔집(소하물)	마른물고기(건어)
납작못(압정)	옷벗는칸(탈의실)	썩음막이약(방부제)
불견딜성(내화성)	진단물(시럽)	나리옷(드레스)
장식등(샹들리에)	달린옷(원피스)	날개옷(케이프)
겨울나이(월동)	안바다(내해)	단얼음(빙수)
단알약(당의정)	가루소젖(분유)	넓은잎나무(활엽수)
가짜죽음(가사)	기다림칸(대합실)	종이꽃개(클립)
마른얼음(드라이아이스)	양복치마(스커트)	기름사탕(캐러멜)
단졸임(잼)	직승기(헬리콥터)	바깥힘(외력)
마른빨래(드라이클리닝)	손기척(노크)	어두운모음(음성모음)
닭알(계란)	가까운바다(근해)	점수이김(판정승)
향참외(멜론)	나뉜옷(투피스)	가락지빵(도넛)

북한에서 다듬은 말 중에는 남한에서 국어 순화를 통해 새로 만들어 낸 어휘와 같은 것들도 있다.

여러해살이(다년생)	가슴둘레(흉위)	문지기(골키퍼)
자동계단(에스컬레이터)	기록철(파일)	찾아보기(색인)
차림표(메뉴)	승강기(엘리베이터)	인쇄기(프린터)

　북한에서의 말다듬기 사업은 초창기에 매우 강력하게 추진되었다. 그러나 언중들이 받아들이지 않아서 원래의 말로 되돌아간 예들도 있다.

① 가가호호→집집→가가호호　　고어→옛날말→고어
　　칼렌다→달력→칼렌다　　　　베달/페달→디디개→페달
　　헤르메트→안전모→헬메트　　넥타이→목댕기→넥타이
　　치약→이닦이약→치약
② 나트 – 가락지빵　　　　　　　카텐 – 창가림
　　연고 – 무른고약

같은 단어인데 전혀 다른 뜻을 가진 말

가치담배: 낱담배(남), 궐련(북)

남북한 모두 같은 의미로 사용하지만 북한에서만 사용하는 의미를 더 가진 단어

일없다: 괜찮다(상처가 좀 어떻소? 이젠 일없습니까?)
분주하다: 떠들썩하고 소란스럽다(기계 소리로 분주한 작업장)

기본적인 의미는 같으나 어감(말의 느낌)이 다른 말

> **소행**: 남한에서는 좋지 않은 행위에 쓰이나('소행이 괘씸하다'), 북한에서는 좋은 뜻으로 쓰인다.('소행을 높이 평가하시고')
> **애무하다**: 남한에서 주로 남녀 간의 애정 행위를 가리키는데, 북한에서는 단지 어린아이나 동물 따위를 귀여워하며 어루만지는 경우에도 쓰인다('귀여운 제 살붙이를 애무했다').
> **보채다**: '보채다'는 남한에서는 성가시게 조른다는 뜻인데(아이가 울며 보챘다), 북한에서는 적극적으로 나서도록 자극한다는 긍정적인 뜻으로 쓰인다(당조직들은 과업이 제대로 집행되지 않을 때에는 독촉하고 보채며...).
> **신사**: 남한에서는 사람됨이나 몸가짐이 점잖고 교양 있으며 예의 바른 남자를 가리키나 북한에서는 말쑥한 차림을 하고 섬섬하게 행동하면서 거드름을 피우는 남자라고 하여 좋지 않은 뜻으로 쓰인다.

북한에서는 자본주의와 종교를 부정하기 때문에 북한어에서는 자본주의 체제에 관련된 단어 또는 사회주의 체제나 이념에 어긋나는 단어들, 종교적인 것과 관련되는 단어에 대해서는 매우 부정적인 의미를 부여하고 있다.

> **고용**: 착취계급에서 근로자들을 착취하기 위해 품을 사는 형식으로 노동자, 농민을 부리는 것.
> **백만장자**: 근로인민을 착취, 많은 재산을 모아놓고 놀고 먹으며, 더 많은 치부를 추구하는 자본가놈.

> **주식회사**: 주주들이 공동투자하여 로동 계급, 근로대중을 착취하는 기업 형태.
> **자본가**: 자본을 가지고 임금로동자를 고용, 잉여가치를 착취하는 자.
> **지주**: 땅을 가지고 농민에게 소작을 쳐 지대형식으로 농민의 로동을 착취하면서 기생적으로 살아가는 자 또는 그러한 계급.
> **교회**: 정치적 비호 밑에 근로자들의 계급의식을 마비시키고 예수교 교리와 종교사상을 선전하는 거점.
> **목사**: 예수교의 거짓된 교리를 해설, 선전하고 예배를 지도하며, 교회를 관리하는 자.
> **설교**: 억지로 설복시키려 같은 내용의 판박이말을 자꾸 늘어놓는 것.
> **성경책**: 예수교의 허위적, 기만적 교리를 적은 책.
> **십자가**: 예수교의 위선과 박애의 위장물.
> **저승**: 불교에서 꾸며낸, 사람이 죽어 넋이 간다는 비현실적인 곳.
> **절**: 중들이 부처를 놓고 종교탈을 쓰고 인민을 기만착취하여 기생생활을 하는 곳.

기본적인 뜻은 같으나 북한에서 새로운 뜻이 더해져서 차이가 나는 말

> **번거롭다**: 일이 어수선하고 복잡하다는 뜻 외에 생각이 어수선하다는 뜻도 가지고 있다('차츰 머리가 번거로와지는...').
> **바쁘다**: 어떤 일을 하기에 시간이 모자라다는 뜻 이외에 무엇을 하기 매우 어렵거나 딱하다는 뜻도 지닌다('너 요새 얼굴 보기 바쁘구나').
> **종자(種子)**: 문예 작품의 사상적 알맹이라는 뜻이 덧붙여졌다('창작에서 종자를 옳게 잡고...').

> **해살**(남한식 표기는 '햇살'): '인민에게 비추어 주는 희망과 행복의 빛살'이라는 뜻이 덧붙여졌다.
> **세포**: 당원들을 교양하고 단련하여 지도하는 기본 조직이라는 정치적인 뜻이 있다('가정은 사회의 세포이다').
> **어버이**: 북한에서는 '자신들의 수령을 흠모하는 마음으로 친근하게 높여 이르는 말'로 쓴다.

3. 남과 북에서 새로 생겨난 말들

이념과 체제의 차이로 태어난 북한 어휘

> **밥공장**: 밥을 비롯한 여러 가지 주식물을 공업적인 방법으로 만들어서 근로자들에게 공급하는 공장
> **사양공**: (집짐승 같은 것을) 먹여 기르는 것을 맡아하는 사람(닭사양공, 돼지사양공)
> **초대소**: 새로운 직무를 맡아 곧 배치되어 가야 할 사람들을 맞아들여 편의를 돌보아주며 머물러 있게 하는 곳('군인초대소')

사회주의적 이념이나 사회주의 사회의 일반적인 또는 북한 특유의 제도와 풍물을 가리키는 단어

> **가정혁명화**: 온 가족을 당과 수령에 대한 충실성으로 교양하여, 가정을 혁명가 집단으로 되게 하는 것.
> **동요분자**: 사상이나 립장이 철저하지 못하여 이리저리 흔들리는 자.

> **평양속도:** 혁명의 수도 평양시를 건설하는 데서 창조된 사회주의 건설의 비상히 빠른 속도.
> **강냥밥:** 쌀과 강냉이를 섞어서 지은 밥, 또는 강냉이만으로 지은 밥.
> **닭공장:** 닭을 공업적 방법으로 많이 키우는 기업소, 또는 그 건물 (남한어 "양계장")
> **가두녀성:** 직장에 다니지 않고 가정에 있는 녀성. (남한어 '전업주부')
> **공훈배우:** 특출한 공훈을 세운 예술가들에게 수여하는 공훈 칭호, 또는 그 칭호를 받은 사람.

북한과 정치·경제·문화의 차이로 생긴 남한의 말

> '부동산중개인, 주말농장, 콘도미니엄'
> 세금: 북한어에서 없어진 말.

🔍 더 읽을거리

- 겨레말큰사전 남북공동편찬사업회 엮음(2017), 한눈에 들어오는 남북 생활 용어, 한국문화사.
- 권재일(2006), 남북 언어의 문법 표준화, 서울대 출판부.
- 권재일(2014), 남북 언어의 어휘 단일화, 서울대 출판부.
- 김응모(1999), 통일대비 남북한어 이해, 세종출판사.
- 양영철(2018), 남북한 언어 탐구 생활, 지식의숲.
- 이관규(2021), 남북한 어문 규범의 변천과 과제, 고려대 출판문화원.
- 전영선(2019), 북한의 언어, 경진.
- 조오현(2002), 남북한 언어의 이해, 역락.
- 겨레말큰사전 남북공동편찬사업회(http://www.gyeoremal.or.kr)

9장

글꼴과 캘리그라피

글꼴의 역사

글꼴 관련 개념

글자

> 말을 적는 일정한 체계의 부호 또는 인간이 사용하는 시각적 의사 전달 체계로 한글, 로마자, 한자, 키릴 문자 등이 있다.

글자꼴

> 글자가 이루어진 모양 혹은 공통적 성격의 글자 양식. 글자의 모든 형태를 총칭해서 말한다.

글자체

> 글자꼴과 같이 글자를 표현하는 데 방법과 재료 등은 관계없지만 글자체는 글자 한 벌 전체에 공통적으로 나타난 형식(스타일)에 대한 것을 전제로 말하기 때문에 분위기에 대한 의미를 전제하고 사용한다.

글씨

> 글자를 쓴 것으로 손멋글씨라고도 한다.

글씨꼴

> 사전에는 정의되어 있지 않지만 쓸 글자의 모양새라고 할 수 있다.

글씨체

> 손으로 쓴 글씨가 전체 글자에 공통적으로 나타나 하나의 스타일을 가리킬 때 쓴다.

서체

> 글자체가 글자의 스타일을 말하지만 글씨체는 손으로 쓴 글자의 스타일을 말하는 것이라고 할 때 서체는 글자체보다는 글씨체에 더 가깝다. 서체라는 말은 시대적으로 옛 활자체나 글씨체를 의미할 때 쓰는 것이 더 적당하다.

타이포그라피

> 미리 만들어진 글자(와 서체)들을 책과 문서 최근 디지털 매체 등에서 읽기 좋게 기술적으로 표현하는 방법이나 그 과정을 일컫는다.

한글 자형

    한글 자형의 개략적인 변화 과정은 창제 초기의 직선적이고 기하학적인 형태의 자형에서 점차 곡선이 가미된 자형으로 변해가며 궁체라 불리는 자형이 형성된다. [윗줄 왼쪽부터 시계방향] 훈민정음(1446), 월인석보(1459), 오대산상원사중창권선문(1464), 옥원듕회연(1800년대 추정), 숙종어필(1686), 선조어필(1597)]

조선의 한글 서체

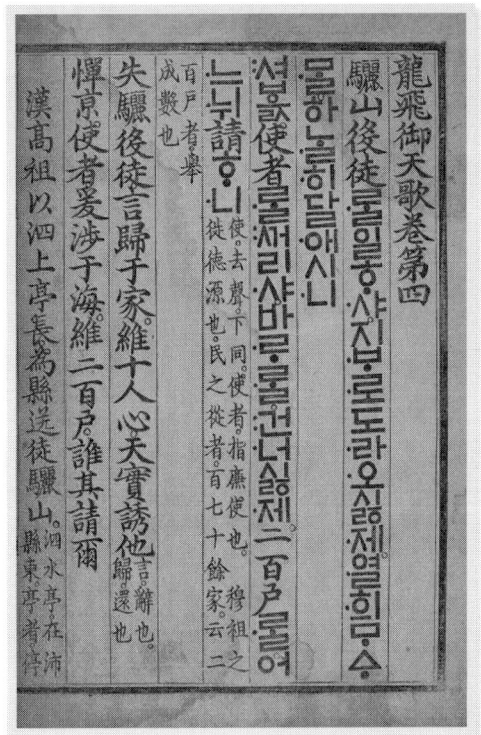

출처: 문화재청

〈용비어천가〉는 10권 5책의 목판본으로 한글로 엮은 최초의 책이다. 한글 창제 당시의 정사각형 서체와 좌우 대칭의 구조를 가지며, 붓 끝을 가운데 모으는 필획에서 약간의 필사가 가미된 훈민정음체이다. 전반적으로 자형이 넉넉하고 근엄하고 단정한 느낌을 준다.

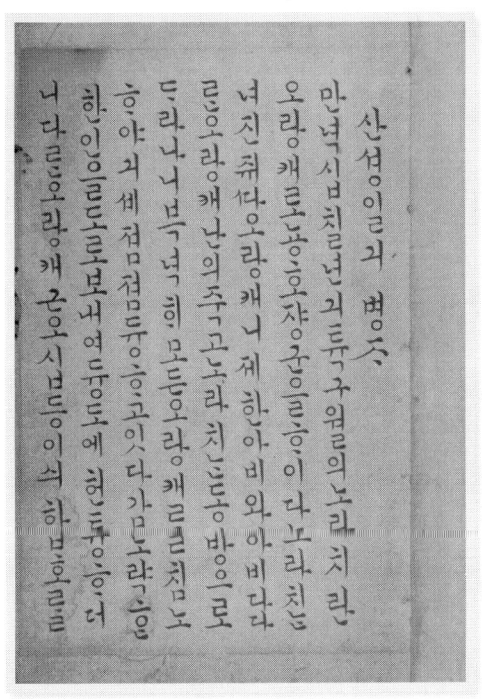

출처: 한국민족문화대백과사전

조선 중기에 작자 미상의 한글 일기이다.

궁체 정자이다. 궁체 정자의 전형적인 서체로, 장방형의 자형에 필획과 결구가 단정하고 섬세하다. 약간의 우상향 필세를 취하여 결구의 긴장감을 주었으며, 가늘고 유연한 듯하지만 필획이 정제되고 절도가 있다.

출처: 문화재청

효의왕후 김 씨가 〈만석군전〉과 〈곽자의전〉을 한글로 직접 베껴 쓴 책이다.

궁체 흘림 궁서의 흘림 중에서도 자폭이 넓고 필획이 강건하다. 세로획은 기필 부분의 꺾임이 적고 가로획은 대체로 수평을 유지하여 자형이 평평한 가운데 궁서의 기초적인 자형 위에 거칠고 강렬한 필획과 빠른 붓의 속도를 가미했다.

근대 활자의 시대

성교감략

일본에서 개발한 '츠키지'라는 활판 제조소에 최지혁이 궁체를 바탕으로 만든 최초의 한글 납활자로 제작했다.

박경서체

1930년대 조선 왕실의 활자 조각공인 박경서가 신문에서 주로 쓰던 궁체를 개선해서 명조체를 개발하고 세로짜기를 위한 글꼴의 기준과 원칙을 확립했다.

최정호가 디자인한 명조체와 고딕체

최정호는 1세대 글꼴 디자이너이자 연구이다. 사진 식자기 시대의 전형적인 명조체와 고딕체를 디자인했다.

안상수체

    정통적인 네모꼴 형태의 글꼴에서 탈피한 방식으로, 닿자(자음), 홀자(모음), 받침의 공간을 정해 놓고 그 형태의 변환을 없거나 최소화하는 글꼴이다. 가장 유명한 탈네모틀 글꼴은 1985년 완성한 안상수체이다.

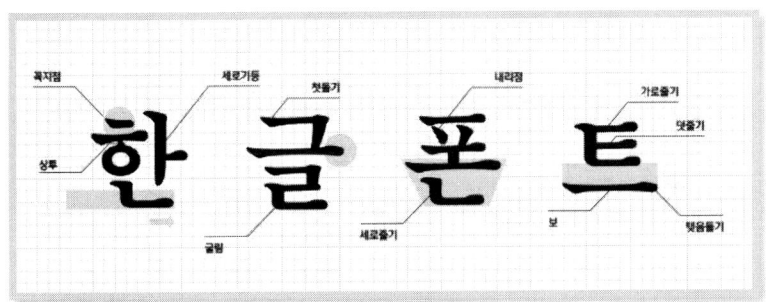

다양한 개성의 한글 서체들. ①산돌커뮤니케이션 '눈솔'의 획을 모아 재구성한 그림. ②노은유의 '옵티크'. ③윤민구·김지은 '블랑'의 획으로 만든 모양자. ④⑤함민주의 '둥켈산스'. ⑥양장점 '펜바탕' 전시회 포스터(디자인=신신). ⑦아한형제들 '을지로체'의 바탕이 된 을지로 일대 간판들. ⑧완성된 을지로체.

공공기관 무료 글꼴

1. 서울시 서울서체

서울남산체 B	대한민국의 주권은 국민에게 있고, 모든 권력은 국민으로부터 나온다.
서울남산체 EB	대한민국의 주권은 국민에게 있고, 모든 권력은 국민으로부터 나온다.
서울남산체 L	대한민국의 주권은 국민에게 있고, 모든 권력은 국민으로부터 나온다.
서울남산체 M	대한민국의 주권은 국민에게 있고, 모든 권력은 국민으로부터 나온다.
서울한강체 B	대한민국의 주권은 국민에게 있고, 모든 권력은 국민으로부터 나온다.
서울한강체 EB	대한민국의 주권은 국민에게 있고, 모든 권력은 국민으로부터 나온다.
서울한강체 L	대한민국의 주권은 국민에게 있고, 모든 권력은 국민으로부터 나온다.
서울한강체 M	대한민국의 주권은 국민에게 있고, 모든 권력은 국민으로부터 나온다.

서울한강체, 서울남산체, 서울한강 장체, 서울 남산 장체 등 총 19종

서울서체는 누구나 무료로 다운로드 받아 자유롭게 사용할 수 있다. 영상매체, 인쇄매체, 웹 등 다양한 매체에서 자유롭게 사용이 가능하며, 특별한 허가 절차 없이 사용할 수 있다. 다만, 서울서체를 유료로 양도하거나 판매하는 등 상업적인 행위는 금지하고 있다.

2. 제주시 제주서체

제주고딕	대한민국의 주권은 국민에게 있고, 모든 권력은 국민으로부터 나온다.
제주명조	대한민국의 주권은 국민에게 있고, 모든 권력은 국민으로부터 나온다.
제주한라산	대한민국의 주권은 국민에게 있고, 모든 권력은 국민으로부터 나온다.

제주한라산체, 제주고딕체, 제주명조체

제주 전용서체 저작권은 영상매체, 인쇄매체, 웹, 모바일 등 다양한 매체에 자유롭게 사용이 가능하며, 특별한 허가 절차 없이 사용할 수

있다. 다만, 제주전용 서체를 유료로 양도하거나 판매하는 등 상업적 행위는 금지하고 있다.

3. 아산시 이순신폰트

이순신B	대한민국의 주권은 국민에게 있고, 모든 권력은 국민으로부터 나온다.
이순신R	대한민국의 주권은 국민에게 있고, 모든 권력은 국민으로부터 나온다.
이순신 돋움체B	대한민국의 주권은 국민에게 있고, 모든 권력은 국민으로부터 나온다.
이순신 돋움체L	대한민국의 주권은 국민에게 있고, 모든 권력은 국민으로부터 나온다.
이순신 돋움체M	대한민국의 주권은 국민에게 있고, 모든 권력은 국민으로부터 나온다.

이순신체, 이순신돋움체

개인, 학교, 공공기관 등 누구나 무료 사용 가능 영상 및 인쇄매체, 웹과 모바일 등 제한 없이 사용이 가능하다.

4. 성동구의 성동서체

성동고딕B	대한민국의 주권은 국민에게 있고, 모든 권력은 국민으로부터 나온다.
성동고딕EB	대한민국의 주권은 국민에게 있고, 모든 권력은 국민으로부터 나온다.
성동명조B	대한민국의 주권은 국민에게 있고, 모든 권력은 국민으로부터 나온다.
성동명조R	대한민국의 주권은 국민에게 있고, 모든 권력은 국민으로부터 나온다.

성동고딕체, 성동명조체의 지적재산권은 성동구청에 있다. 성동고딕체, 성동 명조체 사용자들은 다른 이에게 자유롭게 배포할 수 있으나, 어떠한 경우에도 대가를 요구하거나 수정해서 판매할 수 없으며, 배포된 그대로 사용해야 한다.

5. 고양시의 고양체

고양체	대한민국의 주권은 국민에게 있고, 모든 권력은 국민으로부터 나온다.

고양시청이 제작한 글꼴 고양체는 저작권법 24조 2 (공공저작물의 자유이용) 및 문 화체육관광부 고시「공공저작물 저작권 관리 및 이용 지침」에 따라 누구나 자유롭게 비상업적·상업 적으로 이용하실 수 있다. 다만 폰트의 변형·배포 또는 상업적 재배포는 금한다.

6. 경기도 서체, 경기천년체

경기천년바탕B	대한민국의 주권은 국민에게 있고, 모든 권력은 국민으로부터 나온다.
경기천년바탕R	대한민국의 주권은 국민에게 있고, 모든 권력은 국민으로부터 나온다.
경기천년제목V	대한민국의 주권은 국민에게 있고, 모든 권력은 국민으로부터 나온다.
경기천년제목B	대한민국의 주권은 국민에게 있고, 모든 권력은 국민으로부터 나온다.
경기천년제목M	대한민국의 주권은 국민에게 있고, 모든 권력은 국민으로부터 나온다.
경기천년제목L	대한민국의 주권은 국민에게 있고, 모든 권력은 국민으로부터 나온다.

경기천년바탕체, 경기천년제목체

경기도 서체는 누구나 무료로 다운로드 받아 자유롭게 사용할 수 있다. 영상, 인쇄, 웹 등 다양한 매체에 자유롭게 사용이 가능하며, 특별한 허가 절차 없이 사용할 수 있다. 다만, 경기도 서체를 유료로 양도하거나 판매하는 등 상업적 행위는 금지하고 있다.

7. 김제시체

| 김제시 | 대한민국의 주권은 국민에게 있고, 모든 권력은 국민으로부터 나온다. |
| 김제시제L | 대한민국의 주권은 국민에게 있고, 모든 권력은 국민으로부터 나온다. |

개인, 단체 그리고 기업에 상관없이 사용이 가능하다. 간판, BI, CI, 현수막, 포스터, 영상, 서적, 전자책, 웹사이트, 상품포장지, 프레젠테이션, 가능하다. 앱이나 기기에 임베이드, 원본 글꼴 변형, cid, type3 등 – 이는 디컴즈와 라이센스를 해야 가능하다.

캘리그라피

서예

　서양의 캘리그라피의 역사에 비해 동아시아, 한·중·일을 중심으로 한 한자문화권에서는 몇 천년이나 앞선 서예라는 문화를 가지고 있으며 각기 다른 명칭을 사용하고 있다. 우리나라는 서예, 중국은 서법, 일본은 서도라고 일컬어지고 있지만, 그 원류는 모두 서(書)에서 출발하여 각 나라의 문화와 특징에 맞게 명명되었다. 하지만 그 근본정신은 법(法), 도(道), 예(藝)와 통하는 자연관을 기반으로 한 것이다.

캘리그라피 calligraphy

　캘리그라피의 발생지는 한자문화권, 서양문화권, 아라비아문화권으로 크게 세 곳으로 나누어진다. 각 발생지의 문화권은 독특한 필기도구와 서체 방식으로 발전하였으며, 문자를 활용한 근본적인 목적은 같지만, 그 형태는 각각 상이(相異)하게 나타난다. 이것은 글을 쓰는 방식과 사용되는 도구, 그것을 담아내는 미의식과 표현유형이 다르게 나타나며 서예에 대한 문화적, 종교적, 정치적 문맥이 서로 다르기 때문이다.

중국 서도

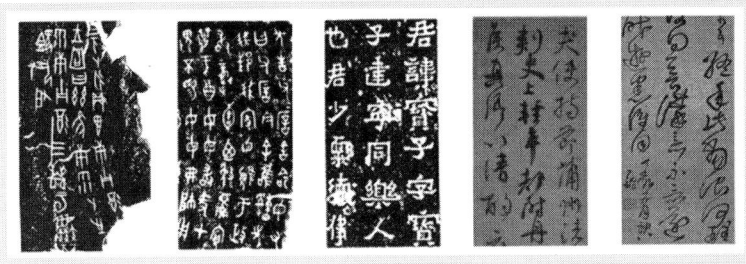

갑골문, 모공정, 찬 보자 비, 왕희지 난정서, 왕 탁 초서

서양 서도

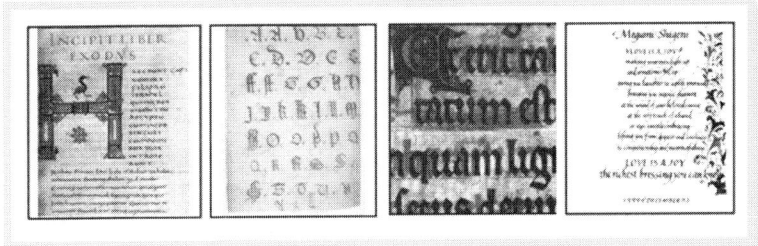

8세기 말 캘롤라인 미누스쿨체 필사본 (성서의 한 부분)

1400년경 고딕 대문자 필사본 (고딕 알파벳 표본)

13세기 고딕체의 전형 (고딕 스크립트)

서양의 펜에 의한 캘리그라피

아라비아 캘리그라피

1304년경 이집트에서 쓰인 작품(코란의 한 부분)

한국 서예

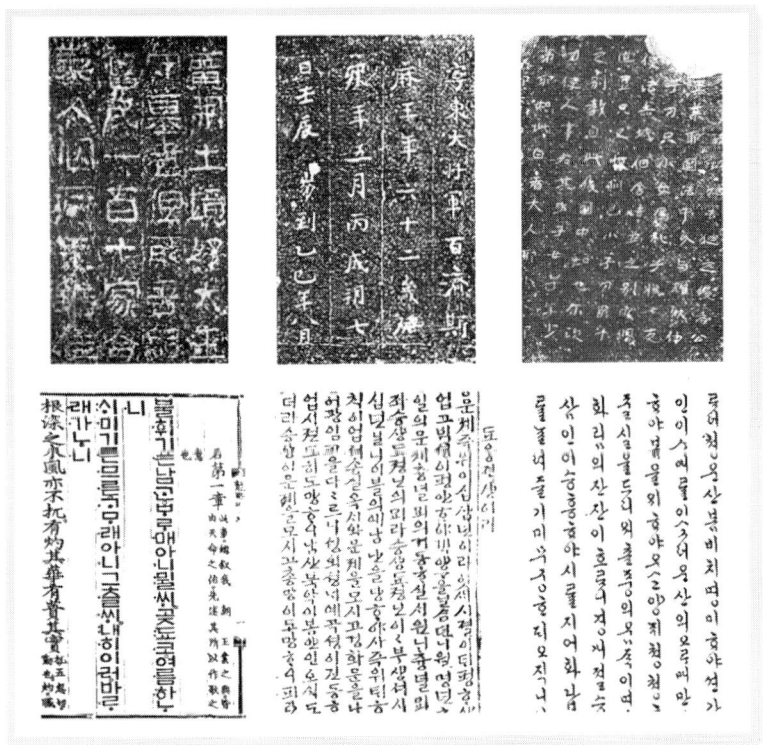

광개토대왕비, 무령왕릉 지석, 단양적성비, 용비어천가, 조웅전, 낙성비룡

캘리그라피의 표현 요소

1. 형태(形, shape)

문자의 서체적 기반을 토대로 다양한 문자 조형을 연출한다. 일반적

으로 대상의 재현적 표현을 벗어나 자유롭게 비구상적인 형상을 창조하는 추상 형태이며 일정한 틀이나 규칙을 가지고 있지 않고 쓰는 사람의 사상이나 감정에 의해 표현된다.

2. 레이아웃(layout)

디자인, 광고, 편집에서 문자, 그림, 기호, 사진 등의 각 구성요소를 제한된 공간 안에 효과적으로 아름답게 배치하는 것이다. 각 구성요소의 독자적인 역할과 동시에 전체가 통일되고 목적에 알맞은 시각적인 효과를 고려해야 하며 새로운 공간이 형성될 수 있도록 종합적인 구성력과 조합능력이 요구된다.

3. 색상(color)

색은 우리의 정서, 사상, 심리적 상태와 행동 그리고 건강까지도 영향을 직접 주는 시각언어이자 우리의 감성적 감각을 자극하는 감각 언어이다. 색상의 암시적인 힘은 메시지의 전달에 심대한 비중을 차지하기 때문에 잘못 응용된 경우는 색상의 미묘한 차이로 처음 의도한 것에서 빗나가는 결과를 초래하기 때문에 선택된 각각의 색깔들은 모두 디자인에 적합해야 한다.

네이버 조선 왕실의 한글 편지
https://hangeul.naver.com/hangeul2

훈민정음 반포 이후, 조선 왕실에서는 많은 한글 편지를 주고받았다. 사랑하는 이에 대한 진심 어린 걱정과 그리움을 한 글자 한 글자 정성스레 담은, 왕과 왕후의 편지와 글씨체를 지금 만나 보세요.

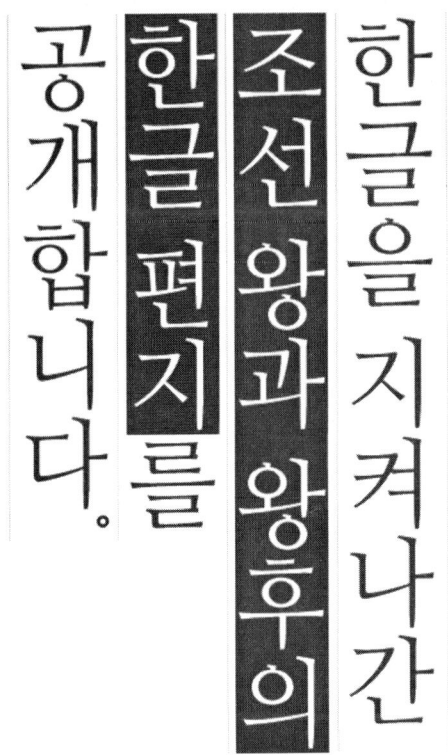

명성황후	고종비
순원왕후	순조비
정조	
인현왕후	숙종비
숙종	
명성왕후	현종비
현종	
인선왕후	효종비
효종	
선조	

글월 보고 됴티 거슨 그 방이 어둡고 날도 陰ᄒᆞ니 日光이도 라디거ᄃᆞ 내 親히 보고 ᄌᆞ셰긔별ᄒᆞ마 대강 用藥ᄒᆞ오리 이셔도 醫官 醫女를 드려 待令ᄒᆞ려 ᄒᆞ노라 분별 말라 ᄌᆞ연 아니 됴히ᄒᆞ랴

萬曆三十一年 癸卯 復月 十九日 巳時

서울대학교 규장각 소장

조선 14대 임금, 선조의 편지

받는 이
정숙옹주

배경
마마(천연두)에 걸린 동생 정안옹주를 염려하는 정숙공주의 편지에 대한 선조의 답장이다. 당시 14세 어린 딸의 병을 염려하는 아버지의 안타까운 마음과 다른 자식들을 안심시키려는 배려가 짧은 글 속에 담겨있다. 또한 '1603년 음력 11월 19일 오전 9-11시'라고 작성 시기가 분명하게 적혀 있고 선조의 '건원대재(乾元大哉)' 어보(도장)가 찍혀 있는 완정한 편지이다.

현대어 해석
(네가 쓴) 편지 보았다. (정안옹주의 얼굴에)돋은 것은, 그 방이 어둡고(너 역질 앓던 방) 날씨도 음(陰) 하니 햇빛이 (그 방에) 돌아서 들면 내가 (상태를) 친히 보고 자세히 기별하마. 대강 약을 쓸 일이 있어도 의관과 의녀를 (그 방에) 들여 대령하게 하려 한다. 걱정마라, 자연히 좋아지지 않겠느냐.

| 명성황후 고종비 | 순원왕후 순조비 | 정조 | 인현왕후 숙종비 | 숙종 | 명성왕후 현종비 | 현종 | 인선왕후 효종비 | 효종 | 선조 |

글월 보고 됴히 이시니 깃거ᄒᆞ노라
념ᄎᆔ 냥식 죡ᄒᆞ보내엿더니 본다
안엿ᄉᆞᆸ고아ᄀᆞᆫ 뎐즈등이 수대로 보내
셔오후 안녕ᄒᆞ오신문 노라
안아읍고져 ᄇᆞ라옵ᄆᆡ 날이푸어 더욱섭〻오미아ᄆᆞ라타
업ᄉᆞ와ᄒᆞᆸ노이다

국립 중앙 박물관 소장

조선 17대 임금, 효종의 편지 (보물 제1629호)

받는 이
숙명공주

배경
효종의 둘째 딸 숙명공주는 부모, 형들과 많은 편지를 주고 받았다.
이 편지는 아버지에게 보낸 숙명의 문안 편지와 우측 여백에 쓴 효종의 정다운 답신이 모두 남아 있어 흥미롭다.

현대어 해석
좌측 : 숙명공주
문안을 보고 밤사이에 기체 안녕하신지 문안 올리기를 바라며, 날이 갈수록 더욱더 섭섭하여(보고싶어) 아무런 할 말이 없습니다.

우측 : 효종
편지 받아보고 잘 있다고 하니 기뻐하노라 어제 두 가지 색의 초를 보냈는데 보았느냐? 면자등(등불의 종류)을 이 수대로 보내노라

| 명성황후
고종비 | 순원왕후
순조비 | 정조 | 인현왕후
숙종비 | 숙종 | 명성왕후
현종비 | 현종 | 인선왕후
효종비 | 효종 | 선조 |

글월을 보고 앙흉니 기거 ᄒ시며 보는 듯 든든 반
기오며 그리 나간 디 여러 날이 되오ᄃᆞᆨ 안 말섬
니기지 몯ᄒᆞ야 훌노라 녹 아인뎡은 그려 부러 ᄒᆞ여라
너 긔거 홀다 네 잇여은 ᄒᆞᆫ노라 슉휘 돌 죵
벼개 치워 돌ᄂᆡ 차 니 ᄭᅳᆫ에서 구버 개 계여 오늘이
다
홀시 쩡미 주다 브ᄉᆞ다 희도ᄃᆡ 너는 잇다 뎌 글

국립 중앙 박물관 소장

조선 17대 임금 효종의 비, 인선왕후의 편지
(보물 제1629호)

받는 이
숙명공주

배경
소설책 이야기, 당시 임신 중이었던 숙휘공주의 이야기 등 딸에게 하는 어머니의 일상적인 이야기가 담겨있는 한편 숙명에게도 아이를 낳으라고 은연 중에 독려하고 있다.

현대어 해석
편지 받아보고 아무 일 없다고 하니 기쁘고, 마주 보는 듯 든든하고 반갑구나. (네가) 그렇게 출궁하고 여러 날이 되도록 섭섭하고 무료하구나. 녹의인전(명나라 소설)을 다시 보내려 하니 기쁘구나. 네가 한 역할을 하는구나. 숙휘(공주)는 작은 베개에 '귀여아(산 모양으로 추정됨)'를 수놓느라고 부산을 떠는데 너는 어떻게 하려고 하느냐?

| 명성황후 고종비 | 순원왕후 순조비 | 정조 | 인현왕후 숙종비 | 숙종 | 명성왕후 현종비 | 현종 | 인선왕후 효종비 | 효종 | 선조 |

김수항 필적 유묵

밤사이
평안호읍신잇가 아읍믄
젼일과 가오매 오늘 뇌졍
찰도 못되 블쵸흔
압졍가이 항복디되
국소부 긔들다 걸프
롤 프롬이 잇다갈나
뎡가이잇 일온 말
삼을룰세

국립중앙박물관 소장

조선 18대 임금, 현종의 편지 (보물 제1629호)

받는 이
숙명 공주

배경
효종과 인선왕후의 외아들인 현종이 한 살 위 누이인 숙명공주에게 보낸 편지로 귀한 귤을 보내는 등 동기간의 따뜻한 우애를 엿볼 수 있다.

현대어 해석
밤 사이 평안히 주무셨는지 여쭤보기를 바라오며 오늘은 정이 담긴 편지도 못 얻어 보니 (아쉬운) 마음이 그지 없었습니다. 이 홍귤 일곱 개는 매우 작고 보잘 것 없지만 정으로 모은 것이라 보내오니 적다고 하지 마시고 웃으며 잡수십시오.

| 명성황후
고종비 | 순원왕후
순조비 | 정조 | 인현왕후
숙종비 | 숙종 | 명성왕후
현종비 | 현종 | 인선왕후
효종비 | 효종 | 선조 |

오죽헌 박물관 소장

조선 18대 임금 현종의 비, 명성왕후의 편지

(보물 제1220호)

받는 이

명안공주

배경

명성왕후는 현종과의 슬하에 네 자녀를 두었으나 두 자녀의 요절로 숙종과 명안공주만 남게 되었다. 평소 병약했던 명안공주에 대한 사랑이 각별했으며, 이 편지는 오래 보지 못한 딸에 대한 그리움이 묻어나 있다.

현대어 해석

글씨 보고, 잘 있다 하니 기쁘며 친히 보는 듯 반가워 백 번이나 잡아보며 반기노라. 어느 때도 이리 오래 못 본 적이 없더니 한 달이 넘으니 더욱 섭섭하고 그립구나. 너는 주인집 극진하신 덕을 입어 역신을 무사히 하니 세상에 이렇게 기쁜 경사가 어디 있겠느냐. 네 효도 딸이 되어 우리를 기쁘게 하니 어여쁘기 그지 없구나. 날이 추우니 부디 조심하고 음식도 어른 이르는 대로 잘 먹고 잘 있다가 들어오너라. 타락묵(우유로 만든 묵)과 전을 보내니 먹도록 해라

| 명성황후
_{고종비} | 순원왕후
_{순조비} | 정조 | 인현왕후
_{숙종비} | 숙종 | 명성왕후
_{현종비} | 현종 | 인선왕후
_{효종비} | 효종 | 선조 |

肅宗大王御筆

明安公主房

밤ᄉᆞ이 평안ᄒᆞ입시니잇가 나
가입실 제 닉일 드러오입쇼셔
ᄒᆞ엿ᄉᆞᆸ더니 히챵위를 만낫
ᄯᅥ나 ᄒᆞ입시ᄂᆞ니 잇가 아므리
셥〜ᄒᆞ입셔도 닉일 브디 드러
오입쇼셔

오죽헌 박물관 소장

조선 19대 임금, 숙종의 편지 (보물 제1220호)

받는 이

명성왕후 (수신처 : 명안공주 방)

배경

어머니 명성왕후가 시집간 누이 명안공주 사저(명안공주 방)에 다니러 간 후 시간이 지체되자 환궁을 재촉하고 있는 간찰이다.

현대어 해석

밤 사이 평안하시옵니까? 나가실때 '내일 늘어오십시오' 하였느니 해창위(명안공주의 남편)를 만나 못 떠나고 게십니까? 아무리 섭섭하여도 내일 부디 들어오십시오.

| 선조 | 효종 | 인선왕후(효종비) | 현종 | 명성왕후(현종비) | 숙종 | 인현왕후(숙종비) | 정조 | 순원왕후(순조비) | 명성황후(고종비) |

야간

평안훈오신 이로야 요금 슈쳥훈오며 어계
력수오시거보오면 칙희 비옴노훅둣 반갑스오이야
모라다 어입스와 훈오되 쟝
평희븟훈오샹셔 신븟오셔 민망호야옵
요목희오라 약 발셔 눈듯시
일목시 셔훈와 스옥 드옴희 듬븟셔 못희아냐

계명대학교 동산도서관 소장

조선 19대 임금 숙종의 비, 인현왕후의 편지

받는 이
숙휘공주

배경
숙종의 고모인 숙휘공주가 병 중에 있을 때 인현왕후가 보낸 서신이다. 숙휘공주에게 필요한 약 목록을 받고 바로 보내겠다고 말하는 내용에서 진심 어린 염려를 엿볼 수 있다. 숙휘공주의 병세가 심해지자 숙종이 직접 병문안을 갔고 별 차도 없이 수일이 지나 세상을 떠난 것으로 전해신다.

현대어 해석
밤 사이 평안하오신지 여쭤보고자 바라오며, 어제 적어 보내신 글을 보고 친히 만나뵌 듯 든든하고 반가워서 아무런 말도 할 수 없었습니다. 또한 평안하지 못하오신가 싶으니 민망하고 염려됨이 끝이 없어 하옵나이다. 약을 적은 목록(발긔)은 즉시 가져오게 하였으니 들어오거든 보내겠습니다.

| 명성황후 고종비 | 순원왕후 순조비 | 정조 | 인현왕후 숙종비 | 숙종 | 명성왕후 현종비 | 현종 | 인선왕후 효종비 | 효종 | 선조 |

샹풍의
긔후평안호시
신디문안아옵고주야
보옵고져호옵나이
소래와흡업수이다
뎨붓거보옵고
든시반갑亽와
호오며
한아바님끠올제
평안호오시다
온다깃브와
다호옵노이다
元孫

조선 22대 임금, 정조의 편지

받는 이

외숙모

배경

정조가 여덟 살 원손(元孫) 시절 외숙모[홍봉한(洪鳳漢)의 며느리]에게 보낸 문안 편지이다. 어린 나이라서 글씨는 아직 다듬어지지 않았지만 문안 편지의 형식에 맞추어 쓰려고 노력한 흔적이 군데군데 드러나 있다.

현대어 해석

상풍(가을 바람)에 기후 평안 하시온지. (숙모님의) 문안 알기를 바라옵니다. 뵌 지가 오래되어 섭섭하고 그리웠는데, 이제 (보내주신) 편지를 보고 든든하고 반갑사오며 할아버님께서도 평안하시다고 하니 기쁘옵니다. 원손(元孫)

| 명성황후
<small>고종비</small> | 순원왕후
<small>순조비</small> | 정조 | 인현왕후
<small>숙종비</small> | 숙종 | 명성왕후
<small>현종비</small> | 현종 | 인선왕후
<small>효종비</small> | 효종 | 선조 |

서울대학교 규장각 소장

조선 23대 임금 순조의 비, 순원왕후의 편지

받는 이
김흥근

배경
순원왕후는 안동김씨 가문의 일원이며, 동생인 김흥근과 조카들에게 보낸 개인적인 기록들이 규장각 소장본으로 남아 있다. 이 편지는 며느리를 잃은 김흥근에게 조의를 표하는 내용으로 홀아버지를 모시는 상황에 아내도 잃게 된 조카 김병덕의 상황을 안타까워하는 마음이 드러나 있다.

현대어 해석
며칠 동안 날씨가 더욱 서늘하니 기운은 어떠하신지 걱정되오며, 도정(벼슬의 명칭, 김흥근의 아들 김병덕을 지칭) 집의 상변은 천만 뜻밖이오니 놀라고 참담한 슬픔이 오죽하시겠습니까. 참담하고 슬프다고밖에는 적을 말씀이 없습니다. (세상을 떠난 며느리의) 성품이 매우 얌전하고 무던하였던 것 같으니 더욱 안타깝고 대신(김흥근을 지칭)의 연세가 육순이 거의 다 되셨는데, 도정이 홀아버지 시하에 안뜰이 텅 비었으니 요전에 현숙한 아내를 취하였다고 한 말이 지금은 아득하고 민망한 듯 답답하옵니다.

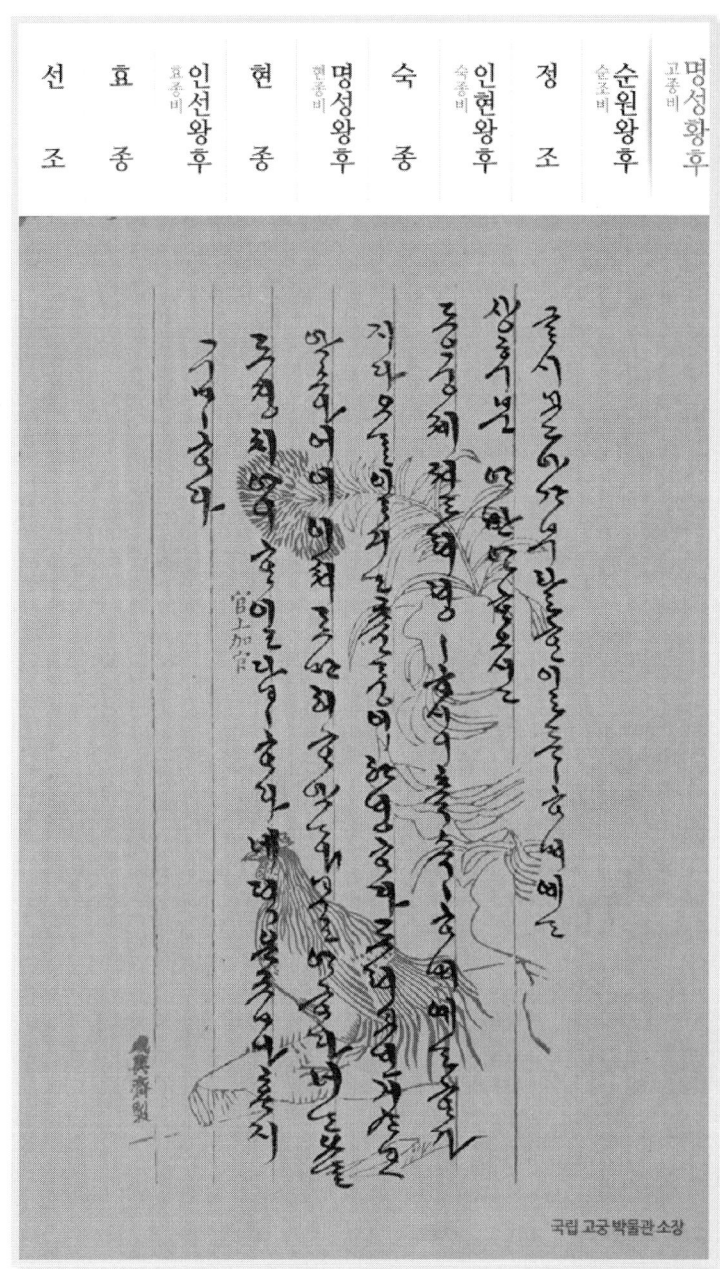

국립 고궁 박물관 소장

조선 26대 임금 고종 비, 명성황후의 편지

받는 이

민영소

배경

명성황후는 1남 2녀의 형제가 있었으나 모두 죽고 황후만이 외동딸로 있다. 외동딸에 자식들도 단명한 명성황후는 친정 조카들에게 많이 의존하게 되었다. 본 편지는 명성황후가 양조카인 민영소에게 보낸 편지 가운데, 한 편으로 왕실과 자신의 근황을 전하며 상대방의 안부를 묻고 있다.

현대어 해석

글씨 보고 밤사이에 아무 탈 없이 지낸 일이 다행으로 여겨지며, 여기(왕실)는 주상전하의 문안도 아주 평안하시고 동궁이 지내시는 것도 매우 편안하시니 나는 한결같다. 오늘 일기는 봄바람이 출고 차다. 들여보낸 것은 보았으나, 어이하여 이처럼 많이 하였느냐 마음이 편치 않구나. 너는 오늘도 (병세가) 가볍지 아니하니 답답하구나. 너의 댁(집사람)은 나았는지 궁금하다.

다양한 캘리그래피

대한민국 국새 글꼴 변천[2]

명칭	국새 : 大韓民國臨時政府	제1대 국새 : 大韓民國之璽
시기	~1949.5.4	1949.5.5~1962.12.31
서체	한자 전서체	한자 전서체
규격	미상	方2寸 정방형(6.06×6.06)
국새 인영		

명칭	제2대 국새 : 대한민국	제3대 국새 : 대한민국
시기	1963.1.1~1999.1.31	1999.2.1~2008.2.21 2010.11.30~2011.10.24
서체	한글 전서체	훈민정음 창제 당시 자체
규격	7cm×7cm	10.1cm×10.1cm
국새 인영		

명칭	제4대 국새 : 대한민국	제5대 국새 : 대한민국
시기	2008.2.22~2010.11.29	2011.10.25~현재
서체	훈민정음 창제 당시 자체	훈민정음 창제당시 서체
규격	9.9cm×9.9cm	10.4cm×10.4cm
국새 인영		

---

[2] 박병천 (2018), 훈민정음의 한글문자 생성 구조와 서체적 응용, 나라사랑 127, 외솔회, 69-145쪽.

🔎 더 읽을거리

- 김두식(2008), 한글 글꼴의 역사, 시간의물레.
- 김훈(2008), 한글 디지털 타이포그래피, 성신여대 출판부.
- 박병천(2000), 조선초기 한글판본체 연구, 일지사.
- 박병천(2021), 훈민정음 서체 연구, 역락.
- 신승원 외(2016), 시작, 캘리그라피, 안그라픽스.
- 이규복(2018), 뜻밖의 인문학 캘리그라피, 이서원.
- 이규복(2020), 조선시대 한글 글꼴의 형성과 변천, 이서원.
- 탁연상(2020), 한눈에 보이는 무료 글꼴 가이드. Digital New.
- 한글글꼴개발원(2011), 한글 글꼴 용어사전, 세종대왕기념사업회.

10장

정구지와 서울 방언

방언, 사투리, 지역어

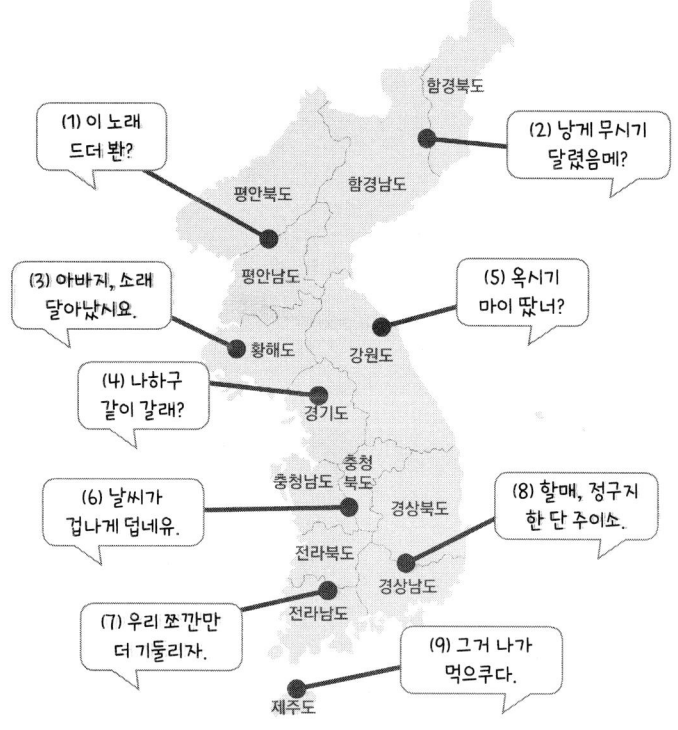

방언의 의미

(1) 이 노래 들어 봤니?
(2) 나무에 무엇이 달렸습니까?
(3) 아버지, 소가 달아났어요.
(4) 나하고 같이 갈래?
(5) 옥수수를 많이 땄니?
(6) 날씨가 무척 덥네요.
(7) 우리 조금만 더 기다리자.
(8) 할머니, 부추 한 단 주세요.
(9) 그것을 제가 먹겠습니다.

진달래꽃의 다양한 방언

김소월

나 보기가 역겨워
가실 때에는
말없이 고이 보내 드리우리다

영변에 약산
진달래꽃
아름 따다 가실 길에 뿌리오리다

가시는 걸음 걸음
놓인 그 꽃을
사뿐히 즈려 밟고 가시옵소서

나 보기가 역겨워
가실 때에는
죽어도 아니 눈물 흘리오리다

제주

나 바레기가 권닥사니 벗어정

가고정 헐 때랑

속 숭허영 오고셍이 보내주구다

영변의 약산 진달레꽃

가득 토당 가고정헌 질에 뿌려주쿠다

가고정헌 절음절음

놓인 그 꼿을

솔때기 볼드명 가시옵서게

나 바레기가 권닥사니 벗어정

가고정 헐 때민 죽었자 아니 눈물 흘리쿠다게

충청

이제는 지가 역겨운 감유

가신다면유 어서 가세유

임자한테 드릴건 없구유

앞산의 벌건 진달래 꽃

뭉테기로 따다가

가시는 길에 깔아 드리지유

가시는 걸음 옮길 때마다

저는 잊으세유 미워하지는 마시구유

가슴 아프다가 말것지유 어쩌것시유

그렇게도 지가 보기가 사납던가유

섭섭혀도 어쩌것이유 지는 괜찮어유 울지

않겄시유 참말로 잘가유 지 가슴 무너지겼지만

어떡허것시유 잘 먹고 잘 살아바유

경상

내 꼬라지가 비기 실타고
갈라카모
내사마 더러버서 암 말 안코 보내 주꾸마
영변에 약산 참꽃
항거석 따다 니 가는 길빠닥게 뿌리 주꾸마
니 갈라카는 데 마다
나뚠 그 꼬슬
사부 자기 삐대발꼬 가뿌래이
내 꼬라지가 비기 시러
갈라 카몬
내사마 때리 직이 삔다 케도 안 울 끼다

전라

나 싫다고야
다들 가부더랑께
워메~나가 속상하겨 주딩 딱 다물고 있을랑께
거시기 약산에 참꽃
허벌라게 따다가 마리시롱
가는 질가상에 뿌려줄라니께
가불라고 흘때마다
꼼치는 그 꽃을 살살 발고 가시랑께요
나가 골빼기 시러서 간다 혼담서
주딩이 꽉 물고 밥 못 쳐묵을
때까지 안 올랑께
뭣땀시 고로코름 허야 쓰것쏘이?
나가 시방 거시기가 허벌나게
거시기 허요이~~

팔도강산 / BTS

Yo once again
Bighit Represent
우리는 방탄소년단 Let Go
서울 강원부터 경상도 충청도부터 전라도
마마 머라카노 (What) 마마 머라카노 (What)
서울 강원부터 경상도 충청도부터 전라도
우리가 와불따고 전하랑께 (What) 우린 멋져부러 허벌나게
아재들 안녕하십니꺼
내카모 고향이 대구 아입니꺼
그캐서 오늘은 사투리 랩으로
머시마, 가시나 신경 쓰지 말고 한번 놀아봅시더
거시기 여러분 모두 안녕들 하셨지라
오메 뭐시여 요 물땜시 랩 하것띠야?
아재 아짐들도 거가 박혀있지 말고
나와서 즐겨~ 싹다 잡아블자고잉
마 갱상도카모 신라의 화랑 후예들이
계속해서 자라나고 사투리하모 갱상도 아이가
구수하고 정겨운게 딱 우리 정서에 맞다 아이가
아따 성님 거거 우리도 있당께 뭣좀 묵엇단까?
요 비빔밥 갑이랑께 아직 씨부리잠
세발의 피이니께 쫌따 벼~ 개안하게 풀어블라니까
가가 가가? 이런 말은 아나? 갱상도는 억시다고?
누가 그카노 머라케샀노 갱상도 정하모
아나바다 같은거지 모 니가 직접와서 한번봐라
아 대따 마 대구 머스마라서 두 말 안한다카이

하모하모 갱상도 쥑인다 아인교
아주라 마 우리 가 어디 남인교
시방 머라고라? 흐미 아찌아쓰까나
전라도 씨부림 땜시 아구지 막혀브러싸야
흑산도 홍어코 한방 잡수믄 된디
온몸 구녕이란 구녕은 막 다 뚫릴 텐디
거시기 뭐시기 음 괜찮것소?
아직 팔구월 풍월 나 애가졌쏘
무등산 수박 크기 20키로 장사여~
겉만 봐도 딱 가 시내 울릴 방탄여
서운 강원부터 경산도 춘천두부터 절라도
마마 머라카누 (What) 마마 머라카누 (What)
시울 강원부디 겅상도 충청도부터 전라도
우리가 와불따고 전하랑께 (What) 우린 멋져부러 허벌나게
아 이 촌놈들 난 Seoul state of mind
난 서울에서 나서 서울말 잘 배웠다
요즘은 뭐 어디 사투리가 다 벼슬이다만
그래 인정할게 악센트들이 멋은 있다
하지만 여긴 표준인 만큼 정직해
처음과 끝이 분명하고 딱 정립된 한국말의 표본으로 정리되지
Only ours goes with English,
yall never understand it
Okay 솔직히 솔직해질게
경상도 사투리는 남자라면 쓰고 싶게 만들어
전라도 말들은 너무나 친근해
한번 입에 담으면 어우야 내가 다 기쁘네
Why keep fighting 결국 같은 한국말들 올려다 봐
이렇게 마주한 같은 하늘 살짝 오글거리지만

전부다 잘났어 말 다 통하잖아? 문산부터 마라도
서울 강원부터 경상도 충청도부터 전라도
마마 머라카노 (What) 마마 머라카노 (What)
서울 강원부터 경상도 충청도부터 전라도
우리가 와불따고 전하랑께 (What) 우린 멋져부러 허벌나게
서울 강원부터 경상도 충청도부터 전라도
마마 머라카노 (What) 마마 머라카노 (What)
서울 강원부터 경상도 충청도부터 전라도
우리가 와불따고 전하랑께 (What) 우린 멋져부러 허벌나게

지역 방언

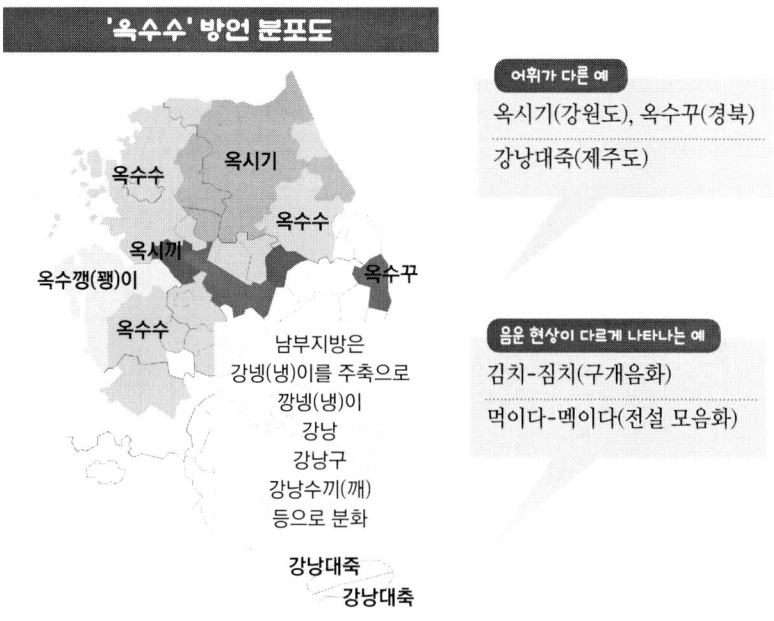

※ 사람들이 공통적으로 가리키는 사물이 무엇인지 생각해 보자.

　사람들이 공통으로 가리키는 사물은 '팽이'이다. 같은 뜻을 가리키는 단어도 이처럼 지역에 따라 형태가 다를 수 있으며, 시기와 계층에 따라서도 형태가 다를 수 있다. 그런데 이렇게 사람마다 자기가 하고 싶은 방식대로 말을 한다면 언어생활은 큰 혼란을 겪게 될 것이다. 그래서 국가는 이런 의사소통 상의 문제를 극복하기 위해 표준어를 제정하여 사용한다. 표준어는 하나의 언어 체계 내부에 존재하는 여러 방언 가운데 특별히 표준으로 공인된 방언을 말한다. 곧 표준어는 국어를 대표하는 말로서, 특정한 방언을 교육이나 공적인 목적에 사용할 수 있도록 일정한 기준에 따라 다듬어서 규정한 이상적인 공용어라 할 수 있다.

서울 방연

인어대방(隣語大方)

출처: 서울대학교 규장각한국학연구원

〈인어대방(隣語大方)〉은 정조 14년(1790)에 일본어 학습서로 간행되었다. 이 책에서는 흘림체로 쓴 일본어 문장에다가 한국어 번역을 함께 적음으로써 양자의 비교를 통해 일본어를 배울 수 있도록 하였다.

한국어를 배울 때 이왕이면 사투리가 아니라 서울말을 배워야 한다. 당시 조선 사회에서 지방어로서의 '사투리'가 확실히 인식되고 있었으며, 그와 대비하여 서울말이 중앙어로서의 분명한 지위가 있었다.

황성신문(1900.10.9)
(http://www.nl.go.kr/newspaper)

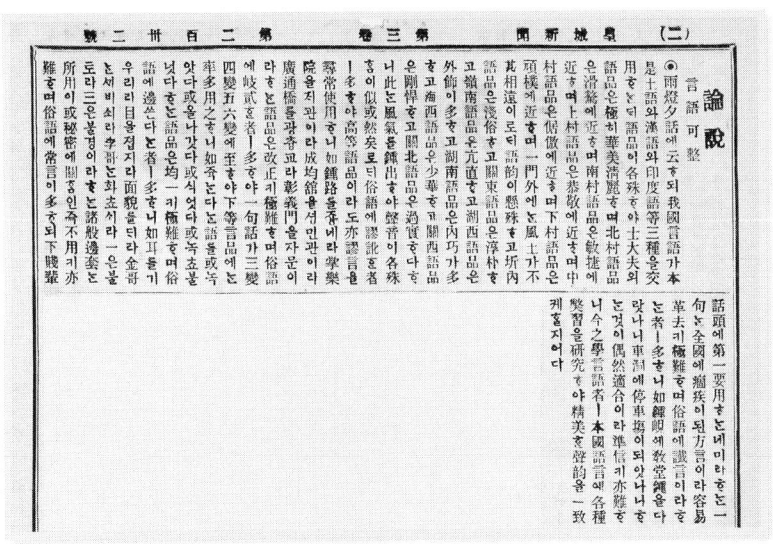

雨燈夕話에 云ᄒ되○我國言語가 本是土語와 漢語와 印度語等三種을 交用ᄒᄂᆫ듸 語品이 各殊ᄒ야○士大夫의 語品은 極히 華美淸麓ᄒ며 北村語品은 滑鷔에 近ᄒ며 南村語品은 敏捷에 近ᄒ며 上村語品은 恭敬에 近ᄒ며 中村語品은 倨傲에 近ᄒ며 下村語品은 願樸에 近ᄒ며○一門外에ᄂᆫ 風土가 不甚相遠이로듸 語韵이 懸殊ᄒ고 圻內語品은 淺俗ᄒ고 關東語品은 淳朴ᄒ고 嶺南語品은 亢直ᄒ고 湖西語品은 外飾이 多ᄒ고 湖南語品은 內巧가 多ᄒ고 海西語品은 少華ᄒ고 關西語品은 剛悍ᄒ고 關北語品은 過實ᄒ다ᄒ니 此ᄂᆫ 風氣를 鍾出ᄒ야 聲音이 各殊홈이 似或然矣로듸○俗語에 謬訛ᄒᆫ 者ㅣ多ᄒ야 高等語品이라도 亦謬言을

> 尋常使用ᄒᆞ니 如鍾路를 죵네라 掌樂院을 지관이라 成均舘을 셩민관이라 廣通橋를 광츙교라 彰義門을 자문이라ᄒᆞᄂᆞᆫ 語品은 改正키 極難ᄒᆞ며 俗語에 岐貳ᄒᆞᆫ 者ㅣ多ᄒᆞ야 一句話가 三變四變五六變에 至ᄒᆞ야 下等言品에ᄂᆞᆫ 率多用之ᄒᆞ니 如쥭ᄂᆞᆫ다ᄂᆞᆫ 語를 或녹얏다 或올나갓다 或식엇다 或녹쵸불넛다ᄒᆞᄂᆞᆫ 語品은 均一키 極難ᄒᆞ며 ○俗語에 邊쏜다ᄂᆞᆫ 者ㅣ多ᄒᆞ니 如耳를기우리리 目을졉지라 面貌를드리라 金哥ᄂᆞᆫ싀비쇠라 李哥ᄂᆞᆫ화쵸쇠라 一은불토라 三은불경이라ᄒᆞᄂᆞᆫ 諸般邊套ᄂᆞᆫ 所用이 或祕密에 關홈인즉 不用키 亦難ᄒᆞ며 ○俗語에 常言이 多ᄒᆞ되 下賤輩話頭에 第一要用ᄒᆞᄂᆞᆫ네미라ᄒᆞᄂᆞᆫ 一句ᄂᆞᆫ 全國에 痼疾이된 方言이라 容易革去키 極難ᄒᆞ며 ○俗語에 識言이라ᄒᆞᄂᆞᆫ 者ㅣ多ᄒᆞ니 如鍾峴에 敎堂鍾을다랏나니 車洞에 停車場이되얏나니ᄒᆞᄂᆞᆫ것이 偶然適合이라 準信키 亦難ᄒᆞ니 今之學言語者ㅣ本國語言에 各種獎習을 硏究ᄒᆞ야 精美ᄒᆞᆫ 聲韵을 一致케 홀지어다

우리말은 고유어, 한자말, 불교식 외래어로 구성되었고, 사대부의 말은 청아하고 수려하고, 북촌(종로 북쪽)은 익살스럽고 오만하고, 남촌(청계천 남쪽~남산)은 좀 빠르다. 상촌(청계 1가)은 정중하고 양반이 살고, 중촌(청계2~3가)은 거만하고 중인이 살고, 하촌(청계 4~5가)은 완고, 하급 군인이 산다.

방언은 경기는 새초롬, 강원은 순박, 경상은 씩씩, 충청은 정중, 전라는 맛깔스럽다. 황해는 재치, 평안은 강인, 함경은 묵직하다. 속어는 지명이나 기관명을 줄이거나 발음을 바꾼다. '죽다'를 '녹이다, 올라가다, 식다, 녹초 부르다'라고 한다. 변언(은어)는 귀를 기울이다, 눈을 접

지라, 면모를 대라 등이 있고, 김가(金哥)는 끼비쇠, 이가(李哥)는 화초 쇠, 일(一)는 불토, 삼(三)은 불경이라고 한다. 상언(육)은 네미(니미)가 있다. 참언(예언)은 종현에 교당종을 달았나니, 차동에 정거장이 되었나니 등이다.

〈삼대〉

> 그럼 원삼 씨 들어오건 갖다 두고 오라죠.
> 필순은 자기를 보내라는 것이 아니라 과일을 보내라는 것에 지나지 않는다는 말눈치에 실망한 것이다.
> 아무나 가져가면 어떨꾸. 아주 그 김에 인사라두 때구 오면 좋지 않아?
> 실상은 덕기가 필순을 좀 만났으면 하는 눈치기에 가라고 한 것이나 그댓말*을 당자에게 하기는 싫었다.
>
> *그댓말: 어떤 일을 두고 하는 말

염상섭의 장편 소설 〈삼대〉는 서울말의 보고(寶庫)로, 1930년대의 서울 방언과 생활 풍속을 풍부하게 담아내고 있는 작품으로 평가받는다. 서울의 만석꾼 조씨(趙氏) 일가 3대가 일제 식민 통치하에 몰락해 가는 모습을 사실적으로 표현한 소설 속에서, 서울 방언은 그 감칠맛 나는 매력을 잘 드러내고 있다.

서울 방안의 특징

1. 서울 방언 발음

1) '오'가 '어'로 바뀌는 비원순 모음화 현상

> 높다 → 넗다, 보리 → 버리, 보다 → 버덤

2) 'ㅎ'이 'ㅅ'으로 바뀌는 'ㅎ 구개음화' 현상

> 흉내 → 숭내, 향긋하다 → 상귿허다, 형제 → 성제

3) 이중 모음을 단모음으로 바꾸어 발음하는 '단모음화' 현상

> 계집애 → 기집애, 별 → 벨, 옛날 → 엣날, 과자 → 가자

4) 서울 방언에서는 '에이, 어이, 어으, 오우' 등과 같이 저모음이 발음하기 쉬운 고모음으로 바뀌어 발음되는 '고모음화' 현상

> 그렇지 → 그릏지, 주로 → 주루, 세고 → 시:구

5) 첫음절을 된소리로 강하게 발음하는 '어두 경음화' 현상

> 가루 → 까루, 사람 → 싸람, 조그맣다 → 쪼그맣다

이 밖에 서울 방언에는 '음성 모음화, 이 모음 순행 동화, 원순 모음화, 경구개음화, 연구개음화, 전설모음화, 음운 축약, 음운 첨가' 등 다양한 음운 현상이 나타난다.

2. 서울 방언 문법

1) 조사에 다양한 변종이 있다. 주격 조사로 '이가, 에가' 등이 존재하고, 목적격 조사로 '얼, 일' 등이 쓰이며, 관형격 조사로는 '에, 으, 이' 등이 쓰이기도 한다.

> 이 정:씨 땍에가 원 후허세요.
> 저녁덜얼 먹어요.
> 즈이 집사람이 그랬어요.

2) 특이한 연결 어미들이 쓰인다.

> 일요일이먼 꼭 와서
> 잘못허문 밥이 타요.
> 그거 주사 맞으믄 하루는 앓어이 대.
> 나갈랴구 그런 차에 그렇게 됐어.
> 그걸 갈비탕 먹드키(먹듯이) 먹어요.
> 가리쳐 줬으믄 좋겠는데.

3) 독특한 접속사가 사용된다.

> 긍까(그러니까) 겁이 나 가지구.
> 그이까 부모네들이 감쳐 놓구 주지.
> 요기두 내자동 그르구(그리고) 요기서는 체부동이 있구
> 그른데 그때는 열네 살, 열세 살이믄 다 혼인했에요.

3. 서울 방언 어휘

	표준어	서울방언
음식	숭늉	숭눙
	설탕	설땅
가옥	선반	시렁
	안팎	안팥
의복	저고리	조고리
	치마	초마
가족	어머니	어무니
	어미	애미
사물	회초리	호차리
	등잔불	등장불
상태	빨강	뻘겅
	같다	겉다
동작	싸우다	싸오다
	서다	스다
한자어	입구	입거
	원체	온체

    서울 방언의 어휘에서 보이는 특이한 점 가운데 하나는 이중 모음을 단모음으로 발음하는 현상, 원순 모음화 현상이 보인다. 서울 방언도 다른 지역 방언처럼 서울 토박이가 사용하는 방언이다. 언어학적으로 '토박이'는 3대 이상이 한곳에서 거주한 사람들을 기준으로 하는데, 변화의 양상이 극심한 서울에서 이와 같은 토박이는 급격히 사라지고 있다. 텔레비전 드라마와 문학작품 속에서나마 종종 등장하던 서울 방언의 모습도 이제는 거의 남아 있지 않다. 서울 방언은 표준어 정립과 국어사 연구에 있어 중요한 방언이다.

더 읽을거리

- 유필재(2006), 서울 방언의 음운론, 월인.
- 이명규(2000), 서울 경기지역 지명 및 방언, 한국문화사.
- 이상규(2007), 방언의 미학, 살림.
- 정승철(2013), 한국의 방언과 방언학, 태학사.
- 정승철(2018), 방언의 발견, 창비.
- 최명옥(2015), 한국어의 방언, 세창출판사.
- 한성우(2015), 방언, 이 땅의 모든 말, 케뮤니케이션북스.

11장

가사로 세상 읽기

가시리와 청산별곡

▌가시리

출처: 서울대학교 규장각한국학연구원

　일명 '귀호곡(歸乎曲)'이라고도 한다. 〈악장가사(樂章歌詞)〉에 가사 전문이, 〈시용향악보(時用鄕樂譜)〉에 1장에 대한 가사와 악보가 실려 있다. 또한 이형상(李衡祥)의 〈악학편고(樂學便考)〉에 '嘉時理(가시리)'라는 제목으로 가사가 실려 있기도 하다. 사랑하는 사람과의 이별을 안타까워하며 부른 노래로 애절한 심정을 곡진하게 표현하였다.

가시리 가시리잇고 나눈	가시렵니까? 가시렵니까?
부리고 가시리잇고 나눈	(나를) 버리고 가시렵니까?
위 증즐가 大대平평盛셩代되	
날러는 엇디 살라 ᄒ고	나더러는 어떻게 살라하고
부리고 가시리잇고 나눈	(나를) 버리고 가시렵니까?
위 증즐가 大대平평盛셩代되	
잡ᄉ와 두어리마ᄂᆞᆫ	잡아 두고 싶지만은
선ᄒ면 아니 올셰라	서운하면 아니 올까 두렵습니다.
위 증즐가 大대平평盛셩代되	
셜온 님 보내옵노니 나눈	서러운 임 보내 드리니
가시눈 돗 도셔 오쇼셔 나눈	가시자마자 돌아오십시오.+−
위 증즐가 大대平평盛셩代되	

청산별곡

출처: 서울대학교 규장각한국학연구원

　고려시대에 지어진 작자 미상의 가요. 모두 8연으로 〈악장가사(樂章歌詞)〉에 전문이 실려 전하고, 〈시용향악보(時用鄕樂譜)〉에 곡조와 제1연이 실려 있다. 〈서경별곡(西京別曲)〉·〈만전춘별사(滿殿春別詞)〉와 함께 고려가요 가운데 가장 유명한 작품이다. 그리고 작가의 신분 계층이나 제작 동기, 작품 성격, 작중 화자 등에 대해 이렇다 할 정설이 세워지지 않은 채 논란이 거듭되는 문제작이기도 하다. 남녀간의 애정을 주로 다루었던 다른 고려가요에 비해, 삶의 비애와 고뇌를 주된 내용이다.

가던 새 가던 새 본다. 믈 아래 가던 새 본다.
잉무든 장글란 가지고, 믈 아래 가던 새 본다.
얄리얄리 얄라셩, 얄라리 얄라.

이링공 뎌링공 하야 나즈란 디내와손뎌.
오리도 가리도 업슨 바므란 또 엇디 호리라.
얄리얄리 얄라셩, 얄라리 얄라.

어듸라 더디던 돌코, 누리라 마치던 돌코.
믜리도 괴리도 업시 마자셔 우니노라.
얄리얄리 얄라셩, 얄라리 얄라.

살어리 살어리랏다. 바라래 살어리랏다.
나마자기 구조개랑 먹고 바라래 살어리랏다.
얄리얄리 얄라셩, 얄라리 얄라.

가다가 가다가 드로라, 에정지 가다가 드로라.
사사미 장대예 올아셔 奚琴(해금)을 혀거를 드로라.
얄리얄리 얄라셩, 얄라리 얄라.

가다니 배 브른 도긔 설진 강수를 비조라.
조롱곳 누로기 매와 잡사와니, 내 엇디 하리잇고.
얄리얄리 얄라셩, 얄라리 얄라.

▌〈가시리〉/이명우

가시리 가시리야~ 음~
가시리 가시리잇고 바리고 가시리잇고
날러는 엇디 살라하고 바리고 가시리잇고
얄리얄라셩 얄리얄리 얄라셩
얄리얄리얄리 얄라리 얄리얄리 얄라셩
잡사와 두어리마나난 션하면 아니올셰라
셜온님 보내옵나니 가시난닷 도셔오셔서
얄리얄리 얄라셩 얄리얄리 얄라셩
얄리얄리얄리 얄라리 얄리얄리 얄랴셩
청산 별곡이야~ 아~
살어리 살어리랏다 청산에 살어리랏다
머루랑 다래랑 먹고 청산에 살어리랏다
얄리얄리 얄라셩 얄리얄리 얄라셩
얄리얄리얄리 얄라리 얄리얄리 얄라셩
얄리얄리 얄라셩 얄리얄리 얄라셩
얄리얄리얄리 얄라리 얄리얄리 얄라셩

▌〈가시나〉/선미

너의 싸늘해진 그 눈빛이 나를 죽이는 거야
커지던 니 맘의 불씨재만 남은 거야 왜
시간이 약인가 봐 어째 갈수록 나 약하잖아
슬픈 아픔도 함께 무뎌지는 거야
좋아 이젠 너를 잊을 수 있게 꽃같이 살래 나답게

Can't nobody stop me now no try me

나의 향길 원해 모두가 바보처럼 왜 너만 몰라
정말 미친 거 아냐 넌 왜 예쁜 날 두고 가시나 날 두고 가시나
왜 예쁜 날 두고 가시나 날 두고 떠나가시나
그리 쉽게 떠나가시나 같이 가자고 약속해 놓고 가시나 가시나

날카로운 날 보고 넌 고개 숙일 거야
가시 난 내 모습이 더 깊숙이 파고들 거야 eh
이미 꺾은 거잖아 굳이 미안해 하지마
정말 꺾인 건 지금 내가 아냐 바로 너야
좋아 이젠 너를 잊을 수 있게 꽃같이 살래 니답게
Can't nobody stop me now no try me

나의 향길 원해 모두가 바보처럼 왜 너만 몰라
정말 미친 거 아냐 넌 왜 예쁜 날 두고 가시나
날 두고 가시나 왜 예쁜 날 두고 가시나
날 두고 떠나가시나 그리 쉽게 떠나가시나
같이 가자고 약속 해놓고 가시나 가시나

너는 졌고 나는 폈어 And it's over
다시 돌아온다 해도 지금 당장은 나 없이
매일 잘 살 수 있을 것 같지 암만 생각해봐도 미친 거 아냐 넌
왜 예쁜 날 두고 가시나 날 두고 가시나
왜 예쁜 날 두고 가시나 날 두고 떠나가시나
그리 쉽게 떠나가시나 같이 가자고 약속해 놓고 가시나 가시나

가사 속의 대한민국

▌〈팔도강산〉/ 최희준 (1967)

팔도강산 좋을시고 딸을 찾아 백리 길
팔도강산 얼싸안고 아들 찾아 천리 길
에헤야 데헤야 우리 강산 얼씨구
에헤야 데헤야 우리 산림 절씨구

잘 살고 못 사는게 팔자만은 아니더라
잘 살고 못 사는게 마음먹기 달렸더라
줄줄이 팔도강산 좋구나 좋아

▌〈아 대한민국〉/ 정수라 (1983)

하늘엔 조각구름 떠있고 강물엔 유람선이 떠있고
저마다 누려야할 행복이 언제나 자유로운 곳
뚜렷한 사계절이 있기에 볼수록 정이 드는 산과들
우리의 마음 속에 이상이 끝없이 펼쳐지는 곳
도시엔 우뚝 솟은 빌딩들 농촌엔 기름진 논과 밭
저마다 자유로움 속에서 조화를 이뤄가는 곳
도시는 농촌으로 향하고 농촌은 도시로 이어져
우리의 모든 꿈은 끝없이 세계로 뻗어가는 곳

원하는 것은 무엇이든 얻을 수 있고
뜻하는 것은 무엇이건 될 수가 있어
이렇게 우린 은혜로운 이 땅을 위해
이렇게 우린 이 강산을 노래 부르네
아아 우리 대한민국
아아 우리조국 아아 영원토록

〈사계〉/ 노찾사 (1989)

빨간 꽃 노란 꽃 꽃밭 가득 피어도
하얀 나비 꽃 나비 담장 위에 날아도
따스한 봄 바람이 불고 또 불어도
미싱은 잘도 도네 돌아가네

흰 구름 솜 구름 탐스런 애기 구름
짧은 샤츠 짧은 치마 뜨거운 여름
소금 땀 비지 땀 흐르고 또 흘러도
미싱은 잘도 도네 돌아가네

저 하늘엔 별들이 밤새 빛나고
찬 바람 소슬 바람 산 넘어 부는 바람
간 밤에 편지 한 장 적어 실어 보내고
낙엽은 떨어지고 쌓이고 또 쌓여도
미싱은 잘도 도네 돌아가네
흰 눈이 온 세상에 소복소복 쌓이면
하얀 공장 하얀 불빛 새하얀 얼굴들

우리네 청춘이 저물고 저물도록
미싱은 잘도 도네 돌아가네

공장엔 작업등이 밤새 빛추고
빨간 꽃 노란 꽃 꽃밭 가득 피어도
하얀 나비 꽃 나비 담장 위에 날아도
따스한 봄 바람이 불고 또 불어도
미싱은 잘도 도네 돌아가네
미싱은 잘도 도네 돌아가네
미싱은 잘도 도네 돌아가네

❙〈Yellow Ocean〉/ 치타 & 장성환 (2016)

그 땐 눈 감고 눈 뜰 때 숨 쉬는 것도 미안해서
난 입을 틀어막고 두 손 모아 기도하길 반복 했어
단언코 진실도 있었지 인양해야 할 건
진실은 이제 조금씩 떠오르고 있어
규명이 빠진 진상 그들은 의지가 없고
구경 하고 다 조작 오보 연기였고
그 뒤로 많은 날이 지났지만 오늘도 기억해
우린 촛불과 함께 밝혀야 할 것들이 남았기에
지금쯤이면 누구보다 아름다웠을
피지 못한 꽃들과 희망 도대체 무엇을
위한 일이었는지 이유도 모른 채
아직 거기 있을 가엾고 죄 없는 이들과 아이들
거긴 그 사람들의 심장처럼 차갑지 않길

남은 이들의 시린 가슴이 하루라도 빨리 낫길
좋은 곳으로 가야 할 너희들을 아직 맘 편히
놓아주지 못해 미안해 잊지 않을 게요
흐르는 세월 속 잊지 않을 세월호
우리의 빛 그들의 어둠을 이길 거야
Yellow Ribbons in the Ocean
진실은 침몰하지 않을 거야
Yellow Ribbons in the Ocean Ocean Oh shine

밖에 누구 없어요 벽에다 치는 아우성
얼마나 갑갑했어요? 난 그 때만 생각하면
내 눈물이 앞을 가려
지금은 2016 잊지 말아야 돼
당시에 빅이슈 이 얘길 가져온 이유
but 시간이 흐르면서
잊혀져 가는 세월 배워야 할 시기에
왜 이런 일을 당해야만 했냐고
대체 왜 아무것도 하지 않았어

그 시간 동안 알 수 없어 바다 보다
더 차가운 그들의 맘
선배여야만 했던 아이들은
여전히 18살 친구로 머물러
수많은 사망자 미수습자
학생뿐 아닌 이들 자랑스러운 영웅들까지도
거기선 편안하길 바래요
아직 봄이 많이 춥네 그때 일처럼

거긴 어때요

흐르는 세월 속 잊지 않을 세월호
우리의 빛 그들의 어둠을 이길 거야
Yellow Ribbons in the Ocean
진실은 침몰하지 않을 거야
Yellow Ribbons in the Ocean Ocean Oh shine

나의 봄이 아직 시린 이유
떨어지는 꽃잎이 너무나 슬픈 이유
기우는 배 주위에 파도처럼
시간이 흘러가도 잊지마 잊지마

눈물에 젖은 꽃잎 우리의 봄
반성 없는 그들 미안함은 우리의 몫
그 날 이후 코앞까지 드리운
시작만 있지 끝이 안 보이는 그리움

Remember 4. 16
Remember 4. 16
눈물이 차올라 내 가슴 속에 새겨진
2014년 4월 16일

Yellow ribbons in the Ocean
진실은 침몰하지 않을 거야
Yellow ribbons in the Ocean Ocean Oh shine
흐르는 세월 속 잊지 않을 세월 호

우리의 빛 그들의 어둠을 이길 거야

Yellow Ribbons in the Ocean

진실은 침몰하지 않을 거야

Yellow Ribbons in the Ocean Ocean Oh shine

Yellow Ribbons in the Ocean

진실은 침몰하지 않을 거야

Yellow Ribbons in the Ocean Ocean Oh shine

Remember 4. 16

Remember 4. 16

눈물이 차올라 내 가슴 속에 새겨진

2014년 4월 16일

더 읽을거리

- 고가연구회(2016), 새로 풀어 본 고려가요, 보고사.
- 김명준(2004), 악장가사 연구, 다운샘.
- 김명준(2011), 시용향악보, 지만지.
- 김선기(2013), 고려가요의 해석과 이론, 역락.
- 김성복(2007), 청산별곡, 그루.
- 조병욱(1987), 고려시대의 가요문학, 새문사.
- 한성우(2019), 노래의 언어, 어크로스.

천개의 바람이 되어 / 임형주

나의 사진 앞에서 울지마요 나는 그곳에 없어요
나는 잠들어 있지 않아요 제발 날 위해 울지 말아요
나는 천 개의 바람 천 개의 바람이 되었죠
저 넓은 하늘 위를 자유롭게 날고 있죠
가을엔 곡식들을 비추는 따사로운 빛이 될께요
겨울엔 다이아몬드처럼 반짝이는 눈이 될께요
아침엔 종달새 되어 잠든 당신을 깨워 줄게요
밤에는 어둠속에 별되어 당신을 지켜 줄게요.
나의 사진 앞에 서 있는 그대 제발 눈물을 멈춰요
나는 그 곳에서 있지 않아요 죽었다고 생각 말아요
나는 천개의 바람 천개의 바람이 되었죠
저 넓은 하늘 위를 자유롭게 날고 있죠
나는 천 개의 바람 천 개의 바람이 되었죠
저 넓은 하늘 위를 자유롭게 날고 있죠
저 넓은 하늘 위를 자유롭게 날고 있죠

12장

MZ세대의 한글놀이

야민정음과 급식체

▎야민정음과 급식체

　야민정음은 한글 자모를 비슷한 모양의 다른 음절로 바꿔 표현하는 방식이고, 급식체는 급식을 먹는 세대, 즉 10대들이 자주 사용하는 문체라고 해서 붙은 명칭이다. 야민정음과 급식체가 디지털 세대의 창의성 있는 '언어 유희'라는 평가와 함께, 무분별한 사용이 우리말의 정체성을 훼손하고 세대 간의 소통단절을 초래한다는 부정적 평가도 상존한다.

▎온라인 신조어의 등장과 발전

　온라인 신조어는 1990년 전후 PC통신의 상용화와 함께 등장하기 시작했으며, 이후 인터넷이 대중화되면서 사용자 간의 문화 속에서 지속적으로 발전하였다. PC통신의 등장은 취미, 관심사 등을 온라인상에서 서로 공유하는 동호회와 사용자 간 채팅 문화를 만들어냈는데, 이 과정에서 다양한 형태의 통신어체들이 생겨나기 시작하였다.

> **PC 통신:** 정모, 병(번)개, 공구(공동구매) 등
> **채팅:** 하이루, 방가방가, 즐팅 등

　1990년대 후반 인터넷에 각종 커뮤니티와 온라인 채팅 사이트가 생

겨나고, 실시간 대화가 가능한 온라인 게임이 성행하면서 신조어들이 봇물처럼 탄생하였다.

> '안냐세여', '반가워여'처럼 종결 어미 뒤에 '~요' 대신 '~여'를 붙이는 유행이 생기거나, '셤(시험)', '첨(처음)' 등 축약어가 사용되며 기존 철자법을 고의로 어기는 신조어들도 탄생
> 국내에서 '스타크래프트'에서는 급박한 상황을 대체하기 위해 'GG(good game: 게임에서 항복하고자 할 때 사용하는 단어)'와 같은 다양한 형태의 준말을 사용

과거 연도별 인터넷 유행어 (1999년~2011년)

	1999년		2000년		2001년		2002년
1	ㅋㅋㅋㅋ	1	엽기	1	작업	1	즐(KIN)
2	당근이지	2	대박	2	ㅇㅇ, ㅊㅋ, ㄱㄱ	2	초딩
3	GG	3	하이	3	헐	3	한턱 쏴
	2004년		2005년		2006년		2007년
1	오타구	1	간지	1	된장녀	1	쩔어
2	빠순이(빠돌이)	2	가드올려라 등	2	훈남	2	욕심쟁이 우후훗
3	좌절금지, OTL	3	안습	3	완소	3	우왕ㅋ굳ㅋ
	2008년		2009년		2010년		2011년
1	꿀벅지	1	올레	1	레알	1	甲
2	오글	2	빵꾸똥꾸	2	차도남, 차도녀	2	짜응 (짱)
3	뭥미	3	루저	3	멘탈	3	ㅇㅇㅇ 보고있나?

온라인 신조어는 시대적 문화와 흐름을 반영하며, 이 과정에서 새로운 단어가 유행어처럼 생겨나고 사라지는 현상이 반복한다. 'ㅋㅋㅋ', 'ㅇㅇ(웅)'과 같은 두자어는 초기 이후 지금까지 계속 사용되고 있지만, 유래를 알 수 없는 단어들을 포함해 한때 폭발적으로 유행하다 사라진 표현도 다수가 있다.

> 2002~2003년 인터넷 커뮤니티 디시인사이드를 중심으로 '아햏햏'이라는 신조어가 생기고 '햏자', '수햏' 등 '아햏햏 문화'가 생길 정도로 유행했으나, 2004년 이후 사라짐
> 또한 2000년대 많은 사용자를 확보했던 메신저 '버디버디'에서는 자음과 모음, 특수 문자-가 결합한 외계어를 이용해 대화명을 만들고 채팅하는 것이 유행

단순한 언어유희, 단어의 줄임말뿐만 아니라, ~족(族)처럼 특정 집단을 묶어 부르거나, 취업난, 어려워진 경제 상황 등 해당 시대의 상황을 반영하는 시사적인 신조어들도 탄생하였다.

> 오포세대, 문송합니다(문과여서 죄송합니다), 텅장(텅빈통장), 금수저·흙수저 등은 청년들의 어려운 취업 상황과 고된 삶을 반영하며, 혼밥족(혼자 식사하는 집단), 혼코노(혼자 코인노래방) 등은 국내에 증가하는 1인가구와 개인주의를 반영

스마트폰이 대중화되고 소셜미디어와 모바일 메신저 사용이 일상화된 요즘, 온라인 신조어는 젊은 세대들이 소통하는 주요한 수단이자

일종의 놀이문화로 진화하였다. 과거에는 소셜미디어의 파급력이현재에 비해 약했기 때문에 신조어 사용이 특정층에 머물렀다면, 최근에는 카카오톡 등의 비대면의사소통 비중이 늘어나면서 Z세대, 밀레니얼 세대 등 디지털 세대를 정의하는 중요한 키워드로 자리매김하였다.

2000년대 외계어

> 울희같_ 外ㄱ=ㅔ이ㄱ를 쓰등 말등__。ㄴㄱㄴ=ㅔㄱr 믇흔 상괎이ㅎF ⅲ
> 울희ㄱF 外ㄱ=ㅔㅇㄱ 쓰ㄱㅅㄱ ⅲ ㄴㄴ=ㅔ 불휑ㅎㅎr=ㅔ 맹긇었닟-¿
> ㄴㄴ=ㅔㄱF 을희 복흥 오ㄱ=ㅔㅇ닌 읽학은 햟쮸읷능
> 글언 ㅈF격 Ø1쏬¿ 외ㄱ=ㅔㅇㄱ두 율ㅎ1ㄱF 맹글ㅇㄱ낸
> 울ㅎ1필희능 () 한귤희햡 ⅲ

> 우리가 외계어를 쓰든 말든 너네가 무슨 상관이야!
> 우리가 외계어를 써서! 너네가 불행해졌니?
> 너네가 우리보구 외계인이라고 할 수 있는 그런 자격 있어?
> 외계어도 우리가 만들어 낸 우리끼리의 한글이야

급식체

문장, 단어를 줄이는 형태(얼죽아: 얼어 죽어도 아이스 아메리카노)로 나타나지만, 의미적으로는 관련이 없는데 발음이 비슷한 단어를 연이어 쓴다거나(오지고~지리고~렛잇고~) 초성만 사용하여 말하는 방식(ㅇㄱㄹㅇ ㅂㅂㅂㄱ: 이거레알반박불가) 등 정의할 수 없을 만큼 다양한 형태 존재한

다. '별다줄(별걸 다 줄이네)'이라는 신조어가 생겨날 만큼 하루아침에도 수십 개의 단어가 탄생하여 그 수를 헤아리는 것은 사실상 불가능하다.

대표적인 급식체

단어	해석	예시
인싸	인사이더의 준말로, 무리에 잘 어울려 지내는 사람을 의미 (↔ 아싸(아웃사이더))	입학 전 진행하는 신입생 오티는 아싸와 인싸의 분기점
만반잘부	만나서 반가워 잘 부탁해	〈개강 인싸 되는법〉 A: "얘들아, 만반잘부" 애들: (오우~ 놀 줄 아는 놈인가?) 〈오놀아놈〉
세젤예	세상에서 제일 예쁜	"와 세젤예... 번달번줌? 안줌? 무지개매너"
번달번줌	번호 달라면 번호 줌	
무지개매너	무지 개 매너없다 (매너가 매우 없다)	
자만추	자연스러운 만남 추구 (↔ 인만추: 인위적-)	A: "너 소개팅 할래?" B: "나 자만추인데?" C: 오 레알(진짜)? 난 아만추 (아무나) 인데..."
문찐	문화(문명)찐따 (새로운 트렌드에 뒤떨어짐)	A: "카톡도 검색이 되는구나" B: "문찐이니?"
마상	마음의 상처	선생님: "너희들 때문에 선생님 마상 받았어" 학생들: "왜요?! 우리가 말 안들어서 그래요?"

엄근진	엄격, 근엄, 진지	"와... 장난친건데... 얼굴에 엄근진 보소"
갑분싸	갑자기 분위기 싸해짐	"사장이랑 부인이랑 싸워서 가게 갑분싸 됨"
빼박캔트	빼도 박도 못하다(can't)	"(CJ제일제당) 하반기부터 빼박캔트 실적개선" (송하연 현대차투자증권 연구원이 작성한 리포트 제목)
사바사	사람 by 사람 (사람마다 다름)	A: "냉면보단 칼국수지?" B: "에이... 사바사지"
법블레스유	법만 아니었으면 넌 死 (법 bless you)	상사: "우리 친구~ 법블레스유예요~ 제가 한번 참아드려요"/ 부하직원: "죄송합니다 ㅠㅠ"
혼틈	혼란한 틈타(기회를 얻다)	술자리에서 몰래 나와 카톡으로 "혼틈, 간다"
#G	시아버지(를 빠르게 읽으면 샾지)	"예삐 #G랑 저녁먹었는데 와 죽을 뻔..."
ㅇㅈ	인정(의 초성)	A: "야식으로 힘 보충, ㅇㅈ?" B: "어 ㅇㅈ"
에바쎄바	과한 행동을 의미하는 '오버'를 '에바'로	A: "주말에 출근하래" B: "에바쎄바 아니니"

야민정음

'야민정음'은 한글 자모를 비슷한 모양의 다른 음절로 바꿔 표현하는 방식으로, 젊은 세대들 사이에서 하나의 놀이 문화로 발전하면서 수많은 형태의 단어가 생성 중이다.

'국내야구갤러리'와 '훈민정음'의 혼성어로, 2015년부터 인터넷 커뮤니티 '디시인사이드' 내 '국내야구갤러리(야갤)'에서 비슷한 글자들을 서로 바꾸어 쓰면서 본격적으로 시작하였다.

야민정음이 기존 신조어와 다른 점은, 기존 신조어는 보통 긴 단어를 줄여서 사용하는 편의성에 중점을 두지만, 야민정음은 뜻과 무관하게 글자 모양을 변형해서 사용

> '대=머', '귀=커', '파=과'처럼 비슷한 글자를 서로 바꾸는 것부터 시작해, 글자의 회전, 압–축, 한자 및 로마자의 사용 등 그 용법이 점차 다양화

대표적인 야민정음

비슷한 글짜로 바꾸기	비슷한 글짜로 바꾸기	한자/회전 등
멍멍이 → **댕댕이**	유머 → **윾머**	김장훈(金長훈) → **숲긒훈** 〈비슷한한자〉
명곡, 명작 → **띵곡, 띵작**	식혜 → **싀헤**	폭풍눈물 → **롬곡윯눞** 〈뒤집어서〉
귀엽다 → **커엽다**	관광명물 → **판팡띵물**	저스틴비버 → **서스틴뜨또** 〈90°회전〉
대전광역시 → **머전팡역시**	세종대왕 → **세종머앟**	부부 → **쀼** 〈글자합치기〉

야민정음과 급식체가 디지털 세대의 창의성 있는 '언어유희'라는 평가와 함께, 무분별한 사용이 우리말의 정체성을 훼손하고 세대 간의 소통단절을 초래한다는 부정적 평가가 상존한다. 따라서 단어의 남용

과 억지스럽게 끼워 맞춘 표현은 오히려 거부감을 주는 역효과를 가져올 수 있기 때문에, 재미와 재치를 표현할 수 있는 적절한 수준에서 활용하는 것이 중요하다.

젊음 세대들이 축약어를 넘어 초성만으로 대화하려는 현상은 소통의 효율성과 스피드를 추구하는 세대의 특성을 반영한 것이라고 볼 수 있다.

02 급여체

▌급여체

급여를 받는 세대로 직장인들이 자주 사용하는 문체라고 해서 붙은 명칭이다. 회사에서 흔히 사용하는 표현으로 외래어를 많이 섞어서 사용하는 특징이 있다.

킥오프 미팅에서
컨펌난 거 **피드백**이요!
캐주얼한 **레퍼런스**로
사이즈베리해서 **디벨롭** 주세요.
Comm.하실 때 **크로스체크**까지.
빠른 **어레인지** 바랍니다.

대표적인 급여체

크로스체크 부탁드립니다 (=책임공동분담체)

> 서로의 업무 내용을 확인한다는 당연한 듯한 용어이지만
> 문제 발생 시 '너도 책임, 나도 책임'이라는 무시무시한 용어

디벨롭하다

> 학생이나 직장인이나 과제 초안은 부실부실...
> 문서, 아이디어에 살을 붙이는 과정

아이데이션하다

> 학생 때 과제하면서 익힌 네이 검색 실력을 뽐내보자
> 해외 성공 사례 찾기 / 구*링 / 네이*검색... 등등을 의미함

어레인지하다

> 업무는 나의 것이 아닌...우리의 것
> 끝없는 피드백과 미팅을 조율할 때 쓰는 용어

사이즈베리 (또는 사이즈바리)

> 베리류의 과일을 떠올린다면 당신은 아직 사회초년생
> 시안의 사이즈를 바꾸는 것을 뜻함

개런티하다

> 자신감 만땅의 포현. 확실하게 보장한다는 뜻
> 하지만...'개런티 못하다'도 많이 쓰임...맴찢...

후려치다

> 내 지갑만 비어있는 것이 아니구나...
> 회사의 예산 부족으로 견적을 깎을 때 쓰는 표현

기본 대답체

넵

> 일반적으로 가장 많이 쓰이는 대답.
> 마음할 일없는 무난무난한 대답의 대표주자

넵~

> '넵'에 물결만큼의 정성을 더한 대답.
> (BUT, 과유불급! 물결이 많아지면 가벼워 보일 수 있음)

넵!

> 느낌표에서 느껴지는 의욕만땅의 기운.
> 상사의 지시에 대답할 때 주로 쓰임

넵...

> 점 3개에서 전해지는 애잔함...
> 싫은데 대놓고 싫다고 말하지 못할 때 쓰임

네네/네넵

> 네를 두번이나! 빨리 대답하고 내 할일 하고 싶을 때,
> 혹은 정말 의욕만땅인 경우 극과극의 상황에서 쓰임

다양한 대답의 의미 표현

> 네? (뭐 X소리지)
> 네... (미안해... 그래...)
> 넹~ (일단 알았고 좀 기다려)
> 넵!! (지금 바루 해드림 기달)
> 앗 네! (큭...내가 실수함)
> 아 네 (아 또 저러네)
> 헛 네!! (까먹고 있다 생각남)

감사합니다 (오해하지마라 화난거 아니다)

감사합니다 ㅋㅋ (오해할까봐 ㅋ붙여준다)

감사합니다! (응 진짜 고마워~)

감사합니다ㅠㅠ (고생했다 레알 고마워 진짜)

감사합니다..! (내가 실수한 거 미안해)

감사합니다~ (어 그래~ 고마워~~~)

죄송합니다 (얘 또 이러네... 두고보자)

죄송 (별거 아니잖아 좀 봐주라ㅋ)

제성 (쏘리킴)

죄송합니닷 (이번엔 넘어가주라주)

죄송해요~ (아 그랬어?)

죄송해요 :) (음 인정 미안~)

죄송해요!!! (미안한데 부탁해!!)

아~ (내가 잘못 이해함)

아! (맞다...깜빡했음)

아하 (그래 니 말이 맞네)

아... (난처하게 얘 왜 또 이러지)

앗! (야 그거 아니야)

아? (얜 또 뭘 X소리지?)

아~! (응 이해했어)

알겠습니다 (오해하지 마 화난 거 아냐)

알겠습니당 ㅋㅋ (응 오키)

알겠습니다~ (잊어버릴지도 모르지만 일단 ㅇㅋ)

알겠습니다! (알았어 잘할게)

알겠습니다. (두고 보자)

알겠습니다... (할많하않)

알겠습니다 ^^ (알았으니까 그만 말해)

안녕하세요 ^^ (나 부탁할 거 있어)

안녕하시요 :) (헤헤 이번에도 잘 좀 부탁해)

안녕하세요. (나한테 미안하지 않냐?)

안녕하세요! (나 너한테 할 말 있어)

안녕하세요~ (자동응답기)

안녕하세요? ㅎㅎ (부탁한 거 다 됨?)

안녕하세요 (아이고 의미 없다)

확인 부탁드립니다. (급하며 왜 확인 안 해줘)

확인 부탁드립니다 ^^ (쉽게 쉽게 가자~)

확인 부탁드립니다~ (난 다 했다~ 열어봐)

확인 부탁드립니다! (제발 한 번에 끝났으면)

확인 부탁드립니다 :) (메일 아이보니?)

확인 부탁드립니다 ㅎㅎ (잘~ 좀 봐줘~)

ㅋ (아재)

ㅋ? (뭐지 이 어이없는 상황은?)

ㅋㅋ (미닝리스 건조방지)

ㅋㅋㅋ (아 웃긴데?)

ㅋㅋㅋㅋㅋㅋㅋㅋ (억 미쳤다)

ㅋㅋㅋㅋㅋㅋㅋㅋㅋㅋㅋㅋㅋㅋㅋㅋㅋㅋㅋㅋㅋㅋㅋㅋㅋㅋㅋㅋ (아 진짜 도랏?)

> ### 🔍 더 읽을거리
>
> - 국립국어원(2007), 사전에 없는 말 신조어, 태학사.
> - 남길임 외(2021), 신어 2020, 한국문화사.
> - 남길임·이수진(2016), 신어, 커뮤니케이션북스.
> - 이재현(1017), 유행어 사전, 글항아리.
> - 황왕용(2018), 급식체 사전, (주)학교도서관저널.

13장

한국어의 세계화

세종학당

▍설립 배경

1. 한국어·한국문화 수요 증가

K-콘텐츠를 통한 한류 확산, 한국기업의 해외 진출 확대, 고용허가 시행 등으로 국내·외 한국어 및 한국문화 수요 급증

2. 국외 한국어 교육을 총괄하는 대표 브랜드 육성

국외 한국어, 한국문화 보급 기관인 '세종학당'을 체계적으로 총괄·

지원하며 한국어 교육 기관을 대표할 수 있는 전문적 브랜드 필요

3. 국가 위상 제고

국외 한국어-한국문화 보급의 대표 브랜드로써, 한국어 한국문화의 국제 저변 확대를 통해 국가 위상 제고에 기여

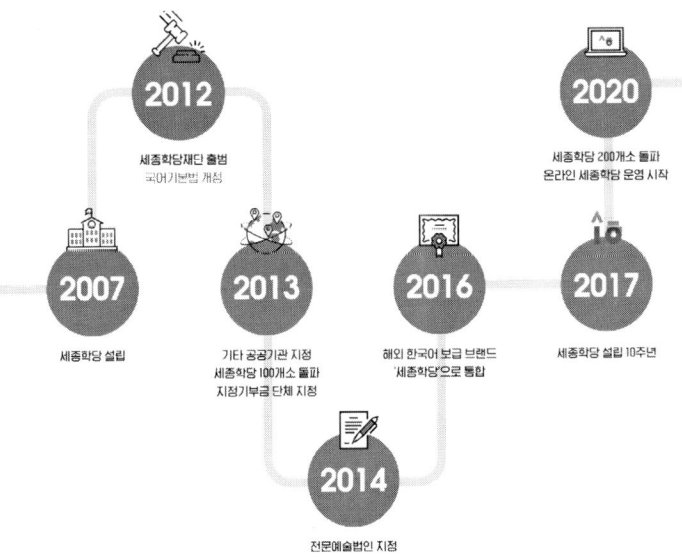

주요 사업

1. 한국어 교육 지원

- 교육과정 개발 보급
- 교재 및 교육 자료 개발·보급
  세종한국어[1~8권], 세종한국문화[1~2권], 세종한국어 회화[1~4권], 비즈니스 한국어 [1~2권], 여행 한국어, 세종학당 결혼이민자 한국어[1~2권]

2. 한국어 교원 전문성 강화

- 한국어 교원 해외 파견
- 교원 양성과정 운영
- 세종학당 교원 재교육
  온라인 7개 교육과정, 유라시아/동남아시아 지역별 교원 워크숍

3. 온라인 학습지원

- '누리-세종학당[www.sejonghakdang.org]' 운영
- 한국어 학습 앱 개발·보급[총 7종]
  누리-세종학당, 한국어 학습 앱 3종 '굿콘텐츠서비스인증' 획득

4. 한국문화 체험 지원

- 세종문화아카데미 운영
- 문화인턴/전문가 파견
- 한국문화 체험 프로그램 및 자료 개발·보급
- 세종학당 우수학습자 초청 연수 개최

한국어 교원 전문성 강화

세종학당재단은 좀 더 수준 높은 한국어 교육을 위해 교원의 전문성을 향상시켜 나가고 있습니다. 한국어 교육에 대한 열정은 물론 전문성을 갖춘 교원을 선발해 파견하고 현지에서 활동하고 있는 교원들을 대상으로 재교육을 지원합니다.

1. 한국어교원 해외 파견

파견 교원의 역할 파견 교원은 한국어 교육 전문가로서 한국어 교육 기획, 운영, 확대 등을 통해 세종학당의 한국어 교육을 활성화합니다.

2. 자격 조건

가급	한국어 교원 자격증 소지자 (2급 이상), 한국어 교육 관련 전공 석사학위 이상, 한국 교육경력 8년 13,200시간 이상
나급	한국어 교원 자격증 소지자 (2급 이상) 한국어 교육경력 3년(1,200시간) 이상 ~ 8년(3,200시간) 미만
다급	한국어 교원 자격증 소지자 (3급 이상) 한국어 교육경력 1년(400시간) 이상 ~ 3년(1,200시간) 미만
라급	한국어 교원 자격증 소지자 (3급 이상) 한국어 교육 경력 1년(400시간) 미만

3. 교재 개발

 세종한국어 (1~8)
한국어 의사소통 능력 (말하기, 듣기, 읽기, 쓰기)을 고르게 향상시킬 수 있도록 개발한 교재입니다.

 바로 배워 바로 쓰는 비즈니스 한국어 (1~2)
한국 기업 내에서 활용 가능한 한국어 표현을 배울 수 있도록 개발한 교재입니다.

 세종한국어 회화 (1~4)
실제 한국어 말하기 능력을 집중적으로 향상시킬 수 있는 회화 학습 교재입니다.

 여행 한국어
한국 여행의 다양한 상황에서 사용할 수 있는 표현과 문화 정보를 담고 있는 교재입니다.

 세종한국문화 (1~2)
외국인들이 궁금해하는 한국문화를 다른 여러 나라의 문화와 함께 비교하여 한국을 자연스럽게 이해할 수 있도록 개발한 한국문화 교재입니다.

 세종학당 결혼이민자 한국어 (1~2)
결혼이민을 준비하는 학습자들이 한국 생활과 결혼 생활에서 실질적인 도움을 받을 수 있도록 개발된 교육자료입니다.

4. 스마트러닝 학습 지원

세종한국어 어휘(초/중급) 학습 앱
시사 한국어 어휘(고급) 학습 앱

세종한국어 문법(초급) 학습 앱
세종한국어 문법(중급) 학습 앱

세종한국어 회화발음(초급) 학습 앱
세종한국어 회화발음(중급) 학습 앱

여행 한국어 학습 앱

세종학당 현황

총 76개국

총 213개소

아메리카 14개국 32개소

일반 세종학당 21개소
과테말라(1), 미국(7), 브라질(3), 아이티(1), 에콰도르(2), 엘살바도르(1), 우루과이(1), 캐나다(2), 코스타리카(1), 칠레(1), 콜롬비아(1)

문화원 세종학당 6개소
멕시코(1), 미국(2), 브라질(1), 아르헨티나(1), 캐나다(1)

교육원 세종학당 5개소
미국(3), 브라질(1), 파라과이(1)

아프리카 10개국 10개소

일반 세종학당 8개소
마다가스카르(1), 보츠와나(1), 알제리(1), 에스와티니(1), 에티오피아(1), 우간다(1), 케냐(1), 코트디부아르(1)

문화원 세종학당 2개소
나이지리아(1), 이집트(1)

오세아니아 2개국 4개소

일반 세종학당 1개소
호주(1)

문화원 세종학당 1개소
호주(1)

교육원 세종학당 2개소
뉴질랜드(1), 호주(1)

유럽 26개국 53개소

일반 세종학당 38개소
덴마크(1), 독일(1), 라트비아(1), 러시아(6), 루마니아(1), 리투아니아(2), 벨기에(1), 벨라루스(1), 불가리아(1), 세르비아(1), 스웨덴(1), 스페인(2), 슬로바키아(1), 영국(2), 아르메니아(1), 에스토니아(1), 우크라이나(1), 조지아(1), 체코(1), 크로아티아(1), 터키(4), 포르투갈(1), 폴란드(1), 프랑스(2), 헝가리(1)

문화원 세종학당 10개소
독일(1), 러시아(1), 벨기에(1), 스페인(1), 영국(1), 이탈리아(1), 터키(1), 폴란드(1), 프랑스(1), 헝가리(1)

교육원 세종학당 5개소
러시아(4), 영국(1)

아시아 24개국 114개소

일반 세종학당 83개소
라오스(2), 말레이시아(2), 몽골(3), 미얀마(1), 바레인(1), 베트남(13), 스리랑카(2), 아랍에미리트(1), 아제르바이잔(1), 요르단(1), 우즈베키스탄(1), 이란(2), 인도(6), 인도네시아(5), 일본(1), 중국(25), 카자흐스탄(1), 키르기스스탄(4), 캄보디아(1), 타지키스탄(1), 태국(3), 투르크메니스탄(1), 파키스탄(1), 필리핀(4)

문화원 세종학당 12개소
베트남(1), 아랍에미리트(1), 인도(1), 인도네시아(1), 일본(2), 중국(3), 카자흐스탄(1), 태국(1), 필리핀(1)

교육원 세종학당 19개소
베트남(1), 우즈베키스탄(1), 일본(14), 카자흐스탄(1), 키르기스스탄(1), 태국(1)

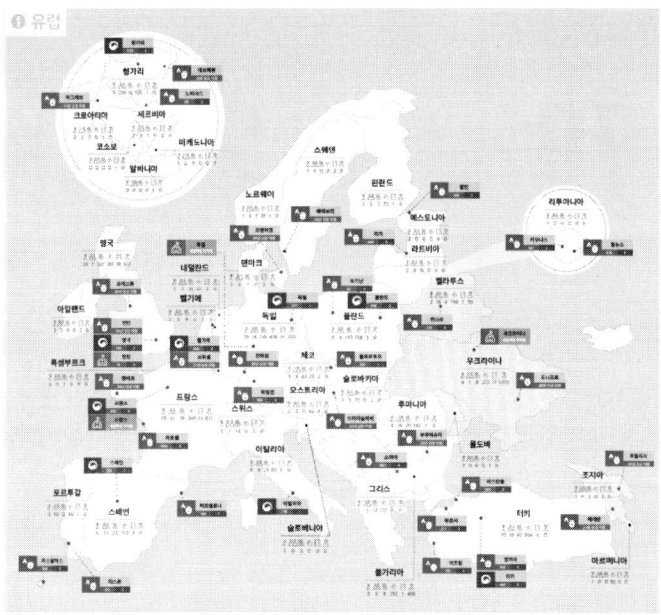

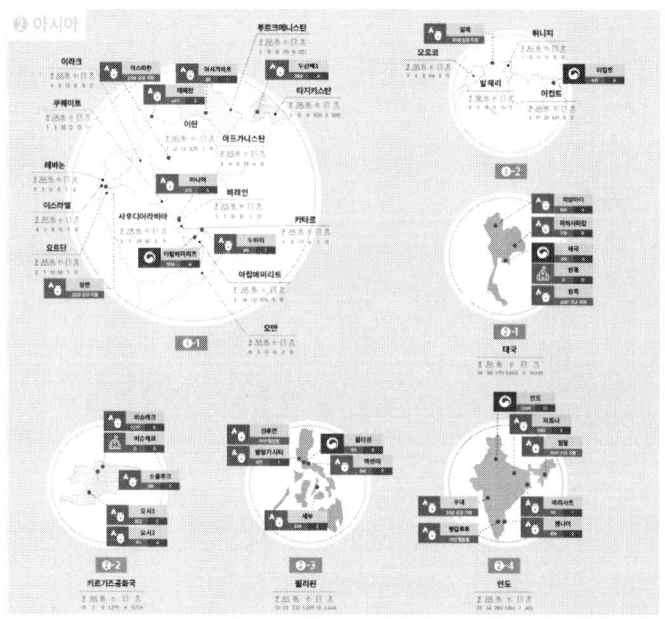

세종학당 확대 운영

1. 세종학당 한국어교육의 품질 제고를 위한 교원 역량 강화 및 교원 재교육 확대

- 전문 교원 수급이 어려운 국외 세종학당에 국내 한국어 교원 자격증 소지자 파견(5회, 총 223명)

> 2012년 11개국 14개소 20명 → 2016년 31개국 55개소 90명 (350%↑)

- '세계한국어교육자대회' 개최(연 1회, 매년 40여 개국 230여 명 참석)
- 지역별 세종학당 워크숍(총 3회)을 개최하여 국외 권역별 교수법 공유 및 협력망 구축, 2013년 아시아(중국)

> 2014년 동남아시아(베트남), 2015년 유라시아(카자흐스탄), 매년 150명 내외 참석

- 세종학당 교원 양성과정 운영(총 6회, 348명)을 통한 교원의 전문성 강화 및 교원 재교육과정 온라인 콘텐츠 개발·운영(10차시)

2. 한국어 표준 교육과정에 따른 다양한 교육 자료 개발 및 보급

- '국제 통용 한국어 표준 교육과정'을 기준으로 세종학당 표준 교육과정 개발·보급

> 세종학당 표준 교재 〈세종한국어 1~8〉, 교원용 지침서, 언어권별 익힘책(영어, 스페인어, 몽골어, 베트남어, 중국어), 번역본(영어, 중국어, 몽골어, 베트남어) 등

- 세종학당 학습자 표준 단계별 성취도 평가 개발 및 시행

3. 누리-세종학당을 통한 한국어 콘텐츠의 원활한 공급과 유통

- 누리-세종학당 개편을 통한 학습자 및 교원별 맞춤형 교육 자료 제공
- 다양한 학습 자료 개발(한국어 학습 강의, 동영상, 웹툰 등)로 자가 학습 지원
- 누리-세종학당 콘텐츠를 11개 언어로 지원하여 접근성 강화

> 2012년 방문자 223,006명, 누적 회원 15,029명 → 2015년 방문자 456,222명(104%↑), 누적 회원 61,155명(306%↑)

4. 세종학당을 통한 문화 교류 활성화

- 다양한 문화 프로그램 운영 및 문화 인턴 전문가 파견으로 문화 교류 활성화

> 2013년 2개국 2명 → 2015년 17개국 22명 → 2016년 12개국 21명

- 세종학당 우수 학습자 국내 초청 한국어 한국문화 체험 연수(총 5회)

> 2012년 28개국 67명 → 2013년 43개국 172명 → 2014년 47개국 119명 → 2015년 46개국 148명 → 2016년 54개국 146명

세종학당의 교육 전문성 강화

1. 한국어교원 파견 확대 및 문화교원 등 파견 교원 다양화를 통한 전문성 있는 교육 서비스 제공 및 국외 일자리 창출

- 2021년까지 200명 내외 파견으로 학당별 평균 1명 파견 및 관용여권 발급 등 처우개선 추진

> 2016년 기준 파견 교원 90명, 파견 학당은 전체 학당 대비 40%, 2014년 기준 공자학원 파견 교원은 15,500명으로 1개소당 평균 12명 파견

2. 국외 현지 교원의 교육 기회 확대 및 체계적 교육 지원

- 국외 교원 대상 현지에서 개최되는 세종학당 지역 워크숍을 확대하고, 현지 채용 교원의 한국어교원 자격증 취득 지원
- 각 부처가 개별 추진하던 국내 연수를 통합하여 한국어교육 인력의 체계적 교육 기회 확대 및 세계 한국어교육자 간 협의 체계 구축

> 전체 포럼, 한국어교육, 한국문화 등 유사성이 많은 과정은 공동 운영, 기관별 특화 과정은 개별 운영

3. 세종학당 학습자의 요구를 반영한 맞춤형 교육과정 및 새로운 통신 환경에 맞는 한국어교육 콘텐츠 개발·보급

- 취업, 회화, 취미 등 다양한 목적에 맞게 교육 자료 기획·설계·개발

- 스마트폰 등 지능형 단말기용 교육 자료를 개발하고, 인터넷 보급이 미비한 지역에서도 활용할 수 있도록 다매체 교육 자료 제공

4. 세종학당 성취도 평가를 말하기 등 의사소통 능력 평가 위주로 개선하고 장학금, 한국 연수 지원 등으로 평가 참여도 및 결과의 활용성 제고

한국어교원 국내외 연계망 구축 및 교육 전문 상담

1. 국내외 한국어교원 간의 온·오프라인 연계망 구축 지원을 통해 다양한 한국어교육 현장 교원들의 교류 지원

    - (온라인) 한국어교수학습샘터를 통해 국가별 언어권별 교원 연계망 구축 지원

    > 한국어교원 집합형 연수 등과 연계하여 온라인상의 상시적 교류 활동 지원

    - ((오프라인) 재미한국학교협의회, 유럽한국어교육협의회 등 기존 연계망을 최대한 활용하여 한국어교원들의 교류 지원

2. 한국어교원 인력 현황 조사 및 자료 구축

    - 국내외 한국어교원들의 교육 환경 및 활동 영역에 대한 조사, 취업 안내 및 전문가 구축 등과 연계될 수 있는 인력 자원 자료 구축

3. 국외 한국어교육 잠재 수요에 비해 인적·물적 투자 기반이 취약한 전략 국가 및 언어권을 선정하여 한국어 교육과정 및 교재 개발, 교원 양성 등 지원

- 한국어교육 국외 전문 상담을 위한 기본 연구
- 재외공관 및 현지 한국어교육협의체 대상 수요 조사 후 대상 기관을 선정하여 전문 상담 기회 제공

특수지 한국어교육 토대 발전을 위한 한국어교원 파견

중앙아시아 지역, 중국 등 특수 지역 한국어교육 토대 마련을 위한 한국어교원 파견

- 국외 소재 재외동포 교육 기관(민족학교 등)에 한국어교원 자격증(문체부장관 발급) 보유자 50명을 약 10개월간 파견하여 교육 경력 축적의 기회 제공

> 담당 업무: 한국어 교과목 강의, 현지 교육 자료 개발 지원 등
> 한국어교원 자격 취득자는 폭발적인 증가 추세(2016년 8월 기준 25,571명으로 연말 기준 약 30,000명 예상, 연평균 46% 증가)에 있으나 일자리는 부족한 상황(2016년 연말 기준 취업자 약 3,000명 추정)

- 파견 대상 학교와 업무 협약으로 안정적인 한국어교육 여건 마련

> (국립국어원) 체재비, 국외 여비 및 보수 부담, (학교 측) 사증 발급 협조
> 학교별 최대 2년까지 근무(이후 연장 시 학교 측 부담)

한류와 한국어

국제언어로서 한국어[3]

한국어는 이제 하나의 '국제 언어'라고 할 수 있다. 전 세계에서 한국어를 사용하는 인구는 7,700만여 명이며 전 세계 언어 중 모어 사용자 수에 따른 한국어의 순위는 14위라 한다. 한국어능력시험(TOPIK) 응시자 급증 시점이 한류가 전 세계에 확산되기 시작한 시기와 거의 일치하는 것을 고려하면 한류와 한국어교육의 연관 관계를 유추할 수 있다. 하지만 잠재적 학습자가 실질적인 학습자로 전환되는 움직임은 제한적임을 알 수 있다.

한국어의 세계화를 위하여 한류를 통해 유입된 잠재적 학습자가 실제 한국어 학습자로 전환되는 정책이나 연구를 보다 적극적으로 추진하여야 한다. 이를 위해 잠재적 학습자에게 문화기반 언어교육(culture-based language teaching)과 전 세계 어디서나 접근할 수 있는 디지털 환경을 제공해야 한다. 한류를 통한 문화교류와 한류로 촉발된 한국어교육은 가장 전형적인 문화적 교환이면서 또한 효과적인 공공외교라고 할 수 있다.

---

[3] 한류나우 2020년 1·2호(34집)에 수록된 양기웅·유승금의 "국제 언어로서 한국어의 위상" 중 일부분을 수정하였음.

한국어의 국제적 위상 강화

한국의 국제적 지위 상승, 국내외 상황의 다양한 변화에 따라 한국어 사용자와 학습자가 증가하고 있다. 전 세계에서 한국어를 사용하는 인구는 약 7,700만여 명이며 전 세계 언어 중 모어 사용자 수에 따른 한국어의 순위는 14위라 한다. 해외에서 운영 중인 한국어 보급 기관의 수는 약 2천여 개이며 이 기관들에 등록된 수강생 수는 25만여 명에 이른다.

외국인 학습자를 위해 국내외에서 발간된 한국어 교재는 약 3,400권이며 2018년에 실시한 한국어능력시험(TOPIK) 응시자 수는 329,224명, 합격자 수는 185,624명으로 1997년 2,692명 지원에 711명 합격과 비교해 보면 그 수가 얼마나 증가했는지 알 수 있다.

〈모어 사용자 수에 따른 전 세계 언어 순위〉

Rank	Language	Speakers (million)	% of the World population (March 2019)	Langugae family Branch
1	Mandarin Chinese	918	11.922	Sino-Tibetan Sinitic
2	Spanish	480	5.994	Indo-European Romance
3	English	379	4.922	Indo-European Germanic
4	Hindi (Sanskritised Hindustani)	341	4.429	Indo-European Indo-Aryan
5	Bengali	228	2.961	Indo-European Indo-Aryan
6	Portuguese	221	2.870	Indo-European Romance
7	Russian	154	2.000	Indo-European Balto-Slavic
8	Japanese	128	1.62	Jaonic Japanese

9	Western Punjabi	92.7	1,204	Indo-European Indo-Aryan
10	Marathi	83.1	1,079	Indo-European Indo-Aryan
11	Telugu	52.0	1,065	Dravidian South-Central
12	Wu Chinese	81.4	1,057	Sino-Tibetan Sinitic
13	Turkish	79.4	1,031	Turkic Oghuz
14	**Korean**	**77.3**	**1,004**	**Koreanic Language isolate**
15	French	77.2	1,003	Indo-European Romance

한국어의 세계적 위상이 높아지고 한국어를 외국어 또는 제2언어로 배우고자 하는 학습자가 많아지기 시작한 것은 국내외 상황 변화와 함께 살펴볼 수 있다.

1959년부터 1980년대 초반

> 한국의 경제적 후진성과 더불어 한국어를 배우고자 하는 수요를 유발할 수 있는 요인이 부재한 시기였다.

1980년대 중반과 1990년대

> 경제 성장과 86아시안게임, 88서울올림픽의 성공적 개최, 재외동포 2, 3세의 증가, 구(舊)공산권 국가와의 수교 등으로 한국어 학습자 및 교육기관의 증가, 교재의 다양화 등이 이루어졌다.

1990년대 후반 이후

> 본격적으로 한국어를 배우고자 하는 수요자가 증가하고 세계적으로 한국어에 대한 인지도가 상승한다. IMF 관리 체제 극복, 2002월드컵의 성공적 개최 등으로 국제 사회에서 우리나라의 위상은 더욱 높아졌고 정부의 외국인 유학생 적극 유치 정책으로 한국어 학습자 수는 급격히 증가하게 되었다. 더불어 '한류'라는 이름 아래 다양한 한국 문화콘텐츠가 세계 시장에서 인기를 얻게 됨으로써 한국어에 대한 해외 수요가 증가하게 되었다.

타문화를 향유하고자 할 때 일차적으로 요구되는 것은 언어 사용 능력이다. 1990년대 후반부터 시작된 한류의 급속한 확산으로 한국문화에 대한 향유 계층이 증가함에 따라 우리말에 대한 인식도 개선되는 등 한국어의 국제적 위상이 강화되었다고 볼 수 있다.

국내외 한국어 교육 현황

1990년대 후반부터 한국어 교육에 대한 수요가 증가하며 국내외 한국어 보급을 위해 정부 부처별로 지원기관을 설립하여 한국어 교육 관련 사업을 진행 중이다.

1. 국외 한국어교육

> 문화체육관광부(한국문화원, 세종학당), 교육부(한국학교, 한국교육원), 외교부(민간 주도 한글학교)의 3개 부처가 담당

2. 국내 한국어교육

> 문화체육관광부(국립국어원, 국어문화원), 여성가족부(다문화가족지원센터), 법무부(사회통합프로그램 수탁기관), 교육부(다문화교육센터, 다문화대안학교), 고용노동부(외국인근로자지원센터)의 5개 부처가 관할

▍한국어능력시험(TOPIK)

한국어능력시험 응시자 수 현황

연도	1997	2006	2010	2014	2016	2019
응시자(명)	2,692	34,028	169,253	208,448	250,141	375,871
누적 응시자(명)	2,692	122,455	723,595	1,372,612	1,829,530	2,825,263

(2019년 기준, 국립국제교육원)

　국내외에서 한국어 학습자가 증가함에 따라 한국어능력을 평가하는 한국어능력시험(TOPIK) 응시자도 증가하였다. 시험 시행 횟수는 2007년부터 2009년까지 연 2회에 그쳤으나, 응시자 증가에 따라 그 후 차차 늘어 2015년부터는 연 6회 실시하고 있다. 1997년 2,274명의 응시자로 시작하여 2018년 기준으로 329,224명이 응시해 185,624명이 합격하였다.

▍해외 한국어교육 현황

　근래 한국어 교육이 가장 빠르고 크게 확산된 곳은 중국인데 현재는 증가세가 둔화되었다. 일본도 2000년대 급속히 퍼졌다가 현재는 주

춤한 상황이다. 반면에 동남아시아의 경우 상호 경제교류가 급증하고 한류 열기가 뜨거워 한국어 학습자 수요도 큰 폭으로 증가하고 있다. 중앙아시아는 1990년 이후 경제적 상호의존성 증가와 한류 열기, 한국 이주 희망자와 귀환자가 증가힘에 따라 급속히 확산된 후 최근 K팝의 인기로 인해 한국어 학습자가 다시 증가하고 있는 추세다.

해외 중등학교의 정규과정에서 한국어를 제2외국어로 채택하여 교육하는 사례도 늘고 있다. 지난 1997년, 미국 대입시험(SAT)에 한국어 과목이 포함되었으며 태국에서는 2018년도 대학입학시험에 한국어가 제2외국이 괴목으로 채택되었다. 해당 연도 입시에 응시한 5만여 명 중 약 10%가 한국어를 선택할 정도로 그 인기가 높다.

국외 초중등학교 한국어반 개설 현황

순위	나라	학생 수(명)	비율(%)
1위	태국	37,401	27.3
2위	미국	18,175	13.3
3위	일본	15,955	11.6
4위	우즈베키스탄	10,470	7.6
5위	호주	8,588	6.3
6위	대만	6,803	5
7위	키르기스스탄	5,850	4.3
8위	러시아	5,541	4
9위	인도네시아	4,677	3.4
10위	몽골	4,127	3
	기타	19,279	14
	계:	136,866	

(2018년 기준, 교육부)

▎한류 시대의 우리말[4]

한류 확산으로 우리말과 한글이 점차 해외에 널리 알려진 현실을 우리는 어떻게 받아들여야 할까. 또는 우리가 우리의 언어와 문자를 더 정확히 알리기 위해 해야 하거나 할 수 있는 일들은 무엇일까. 한국어는 의성어와 의태어가 발달해 재미있는 언어라고, 한글 모양도 독창적이고 배우기 쉽다고 홍보한다고 해서 우리 말글을 배우고 익히는 사람이 늘 것 같지는 않다. 일반적으로 방대한 학습량 때문에 외국어를 배우는 일이 재밌거나 쉽지 않을뿐더러, 문자에 대한 호감이나 미적 감각 때문에 언어나 문자를 습득하지도 않는다.

즉, 우리 말을 배워 활용할 곳이 없는 사람이 한국어와 한글을 배울 이유는 없다는 말이다. 도리어 한국어와 한글을 홍보하기보다는 우리의 말글이 결합한 경쟁력 있는 문화 상품을 세계 무대에 내놓아 국가 또는 문화 인지도를 높이는 것이 더 직접적으로 한국어와 한글을 홍보하는 일이 될 것이다. 냉정한 국제 사회에서 국력, 국가 경쟁력이 기본이 되지 않으면 문화의 파급력도 뒤떨어지는 것이 지금까지 우리가 역사를 통해 배워온 사실이기 때문이다.

외국, 특히 서구 선진국에서 요즘 한글은 호감의 대상이라고 한다. 과거에는 한글을 한자나 일본 문자와 혼동하는 일이 다반사여서, 어떤 할리우드 영화 도입부에 등장하는 국산 참치 깡통의 한글이 사실 일본 문자로 오인되어 쓰였다는 설이 있을 정도였다. 이랬던 한글이 국제적

---

[4] 한류나우 2020년 1·2호(34집)에 수록된 김선철의 "외국인에게 한글은 어떤 글자일까?"일부분을 수정하였음.

으로 다른 동양 문자와 혼동되지 않고, 인상 역시 좋은 문자로 변해가는 상황은 분명 고무적인 일이다.

더 읽을거리

- 김아영 외(2021), 2020 한류 백서, 한국국제문화교육진흥원.
- 박영환(2008), 문화 한류와 본 중국와 일본, 동국대 출판부.
- 세종학당재단 홈페이지(https://www.ksif.or.kr)
- 정호재(2021), 다시, K를 보다, 매디티미디어.
- 한국국제문화교육진흥원(2020), 한류NOW 한류 심층 분석 보고서 2020년 01+02월호(vol.34)
- 박장순(2014), 한류학개론, 선.

역사 속 우리말

Korean Language in History

저자 소개

최윤곤(崔潤坤)

서원대학교 국제학부/산업대학원 한국어교육학과 교수(2019.3~현재)
서원대학교 한국어교육원 원장(2019.3~현재)
동국대학교 대학원 국어국문학과 문학박사(2005.2)

| 저서 |

한국어 문법교육(2020)
한국어교육 실습(2019, 공저)
한국 어문규정 입문(2017)
K-CULTURE 10(2016, 공저)
한국어 토론 입문(2015, 공저)
한국어 발음과 문법(2015, 공저)
한국어 리포트 작성 입문(2015)
학문적 글쓰기의 기초(2015, 공저)
한국어 문장 입문(2013)
한국어 문법교육과 한국어 표현범주(2010)
외국인 유학생을 위한 한국어 독해(2009)

역사 속 우리말

발행일	1판 1쇄 2022년 2월 1일
지은이	최윤곤
펴낸이	박민우
기획팀	송인성, 김선명
편집팀	박우진, 김영주, 김정아, 최미라, 전혜련
관리팀	임선희, 정철호, 김성언, 권주련
펴낸곳	(주)도서출판 하우
주소	서울시 중랑구 망우로68길 48
전화	(02)922-7090
팩스	(02)922-7092
홈페이지	http://www.hawoo.co.kr
e-mail	hawoo@hawoo.co.kr
등록번호	제475호

값 14,000원
ISBN 979-11-6748-030-9   93710

KOMCA 승인필

* 이 책은 저작권법에 따라 보호받는 저작물이므로 무단 전재와 무단 복제를 금지하며,
  이 책 내용의 전부 또는 일부를 이용하려면 반드시 저작권자와 (주)도서출판 하우의 서면 동의를 받아야 합니다.